스크래치를 활용한 문제해결능력 향상

김종훈 지음

스크래치를 활용한 문제해결능력 향상 : 누구나 할 수 있는 가장 쉬운 프로그래밍 입문서

초판발행 2016년 3월 2일

지은이 김종훈 / **펴낸이** 김태헌
펴낸곳 한빛미디어(주) / **주소** 서울시 마포구 양화로 7길 83 한빛미디어(주) IT출판부
전화 02-325-5544 / **팩스** 02-336-7124
등록 1999년 6월 24일 제10-1779호 / **ISBN** 978-89-6848-262-5 93000
판매처 한빛아카데미(주) / **전화** 02-336-7195 / **팩스** 02-336-7199

총괄 전태호 / **책임편집** 송성근 / **기획** 조희진 / **편집** 조경숙
디자인 표지&내지 김미현, 조판 이경숙
영업 이윤형, 길진철, 유제욱, 김태진, 주희, 김형진, 김진불, 조유미
마케팅 김호철, 박상용, 송경석, 변지영 / **제작** 박성우

이 책에 대한 의견이나 오탈자 및 잘못된 내용에 대한 수정 정보는 한빛미디어(주)의 홈페이지나 아래 이메일로 알려주십시오. 잘못된 책은 구입하신 서점에서 교환해 드립니다. 책값은 뒤표지에 표시되어 있습니다.

한빛미디어 홈페이지 www.hanbit.co.kr / 이메일 ask@hanbit.co.kr

스크래치를 활용한 문제해결능력 향상

김종훈 지음

한빛아카데미
Hanbit Academy, Inc.

저자의 말

전 세계적으로 소프트웨어 경쟁력을 강화하려는 움직임이 일고 있다. 이는 이미 미국과 영국을 시작으로 유럽과 아시아 지역으로 퍼져가는 추세이다. 우리나라는 이런 추세에 발맞춰 소프트웨어 중심 사회를 선도할 인재를 양성하고자 정부에서 많은 예산을 투입해 소프트웨어 중심 대학을 선정하였다.

이런 소프트웨어 중심 대학 사업의 특징은 전공과 상관없이 모든 대학생을 대상으로 소프트웨어 교육을 시행한다는 점이다. 그렇다고 다른 학문을 전공하는 학생을 전부 프로그래머로 양성하자는 게 이 사업의 목적은 아니다. 바로 학생들의 전공 지식과 소프트웨어의 융합적 사고를 증진하는 데 그 목적이 있다.

타 전공 학생을 대상으로 한 소프트웨어 교육에서 가장 많이 사용되는 언어가 바로 '스크래치'이다. 스크래치는 키보드 입력을 최소화한 블록 기반 언어로 초보자가 접하기에도 부담이 없을뿐더러 다른 학문과의 융합에도 적합한 프로그래밍 언어이다.

또한, MIT에서 개발한 스크래치는 누구나 무료로 접근해 프로그램을 만들 수 있는 환경을 웹사이트에서 제공하고 있다(http://scratch.mit.edu/).

이 책은 이런 스크래치를 이용해서 다양한 프로그램을 만드는 내용을 설명하는 책으로, 지난 몇 년간 대학생, 선생님, 일반인 등 다양한 학습자를 대상으로 한 스크래치 교육 경험을 통해 얻은 결과물이기도 하다.

이 책에서는 학습 효과를 극대화하기 위해 다양한 문제를 제시하며 문제에 대한 풀이를 부록에서 제공한다. 하지만 반드시 스스로 해결해보기 바란다.

그리고 저자가 직접 운영하는 국내 최대 스크래치 온라인 커뮤니티인 http://cafe.naver.com/scratchprogramming/을 이용하면 사이버 학습 효과를 누릴 수 있다. 이 책에 나오는 모든 프로그램과 자료를 이용할 수 있고, [질의응답] 게시판을 통해 스크래치 외에도 소프트웨어 교육에 관한 궁금증을 해결할 수 있다.

이 책이 나올 수 있도록 도움을 주신 조희진 과장님을 비롯한 한빛미디어(주) 식구들에게 감사의 말씀을 전한다.

부디 이 책을 통해 올바른 소프트웨어 교육을 준비하기 바란다.

2016년 2월 김종훈

지은이 소개

지은이 **김종훈** jkim0858@jejunu.ac.kr / jkim0858@naver.com

제주대학교 교육대학 초등컴퓨터교육전공 교수로, 한국전자통신연구원 컴퓨터시스템연구부 박사후연구원으로 활동했습니다. 스크래치 관련 최대 온라인 커뮤니티인 〈스크래치 & SW교육〉 카페를 운영하고 있으며, 2012년 5월부터 창의적 미래 인재 양성을 위해 교육기부 프로그램인 〈창의 컴퓨터 교실〉을 무료로 운영하고 있습니다(http://cafe.naver.com/creativecomputer 참고). 집필한 저서로 〈꼬마 해커의 작업실, 수프〉 시리즈인 『스크래치』(한빛미디어, 2014), 『스크래치 알고리즘』(한빛미디어, 2014, 중국 판권 수출)과 〈10대를 위한 프로그래밍 노트, 수프〉 시리즈인 『앱 인벤터』(한빛미디어, 2016), 『프로그래밍 비타민』(한빛미디어, 2015), 그리고 『컴퓨터 개론』(한빛아카데미, 2013, 네이버 지식백과 등재), 『프로그래밍 언어론』(한빛아카데미, 2008), 『초보자를 위한 Linux & Unix C 프로그래밍』(한빛미디어, 2003) 등 23권이 있습니다. 세계 3대 인명사전 중 하나인 마르퀴즈 후즈 후(Marquis Who's Who) 2016년 판에 등재되었으며, 수십 편의 소프트웨어 교육 관련 논문을 발표했습니다. 최근에는 아이스크림 원격교육연수원과 티처빌 원격교육연수원의 스크래치, 스크래치 알고리즘 등 소프트웨어 교육 강좌 개발을 총괄하고 있으며, 초 · 중등학생 등 초보자를 위한 소프트웨어 교육 프로그램을 개발하는 데 연구를 집중하고 있습니다.

http://cafe.naver.com/scratchprogramming

〈스크래치 & SW교육〉 카페는 스크래치와 SW교육 관련 국내 온라인 커뮤니티로 이 책의 저자인 제주대학교 초등컴퓨터교육전공 김종훈 교수가 운영하고 있습니다. 이 카페에서는 이 책을 비롯해서 〈10대를 위한 프로그래밍 노트, 수프〉 시리즈와, 〈꼬마해커의 작업실, 수프〉 시리즈에 나오는 모든 프로그램은 물론이고 스크래치 등 다양한 소프트웨어 교육 자료를 제공하고 있습니다. 특히 전문가가 관리하는 [질의응답] 코너를 통해 소프트웨어 교육에 관한 궁금증을 해결할 수 있습니다.

CONTENTS

CHAPTER 00 스크래치 웹사이트 회원 가입하기

1 웹 브라우저 주소창에 http://scratch.mit.edu를 입력하여 스크래치 웹사이트를 방문한 다음 화면 상단의 [스크래치 가입] 버튼을 누릅니다.

2 사용자 이름과 비밀번호를 입력하고 [다음] 버튼을 누릅니다.

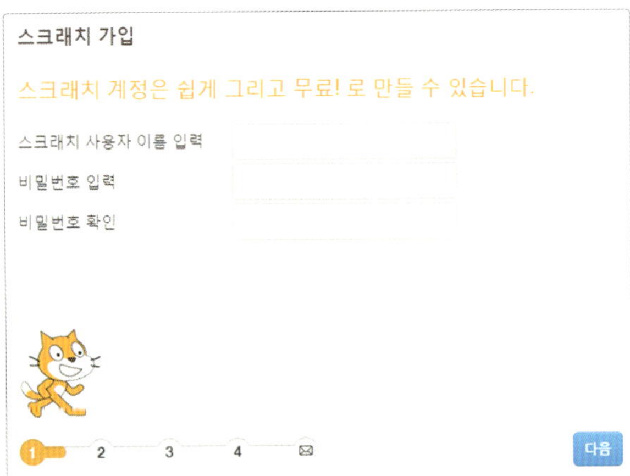

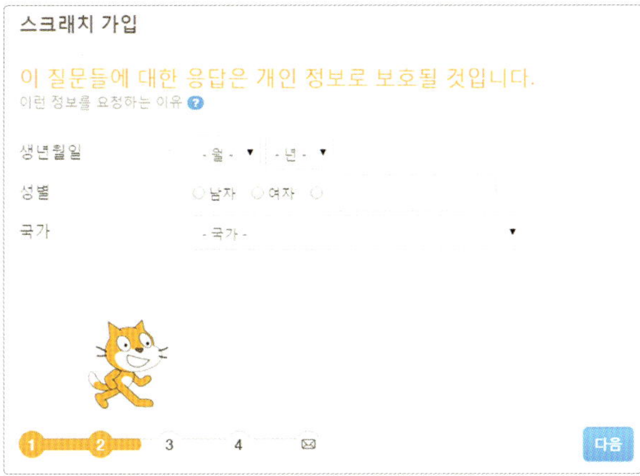

3 생년월일, 성별, 국가 등 요구하는 정보를 입력하고 [다음] 버튼을 누릅니다.

4 두 빈칸에 같은 이메일 주소를 입력한 후 다음을 누릅니다.

5 왼쪽 화면이 보이면 성공적으로 가입했다는 뜻입니다. 그다음 등록한 이메일 수신함을 확인하면 noreply@scratch.mit.edu로부터 'Please confirm the email address for 〈등록한 사용자 이름〉 on Scratch!'이라는 메일이 와 있을 겁니다. 이 메일에서 이메일 주소 확인하기 버튼(이메일 주소 확인하기)을 누르면 이제 스크래치를 사용할 수 있습니다.

CHAPTER 01 스크래치 시작하기

- 스크래치 언어와 스크래치를 이용하는 방법에 대해 이해합니다.
- 고양이가 말을 하면서 움직이는 프로그램을 작성할 수 있습니다.

스크래치란?

스크래치(Scratch)란 미국의 매사추세츠 공과대학(MIT) 미디어 랩에서 2007년 1월에 개발한 교육용 프로그래밍 언어로, 누구나 쉽게 프로그램을 만들 수 있는 데 목적을 두고 탄생한 프로그래밍 언어입니다.

스크래치는 레고처럼 블록을 마우스로 끌어다 연결해 가면서 프로그램을 만들기 때문에 프로그래밍을 처음 접하는 사람도 쉽게 만들 수 있습니다.

스크래치는 누구나 무료로 사용할 수 있는 무료 소프트웨어입니다. 게다가 그림, 애니메이션, 사운드 등 다양한 미디어를 지원하고 있어서 여러분이 원하는 다양한 형식의 프로그램을 스크래치로 만들 수 있습니다.

특히 2013년 5월에 인터넷 기반의 2.0 버전을 발표했는데 소프트웨어를 설치하지 않고 웹 브라우저에서 직접 프로그램을 만들고 저장할 수 있습니다. 그럼 스크래치의 첫 화면을 봅시다. 여러분의 컴퓨터에 웹 브라우저를 띄운 다음 주소창에 http://scratch.mit.edu를 입력한 후에 화면 맨 윗줄의 [만들기] 버튼을 눌러보세요. 아래의 화면이 보일 겁니다. 이 화면을 이용해서 스크래치 프로그램을 만들 수 있습니다.

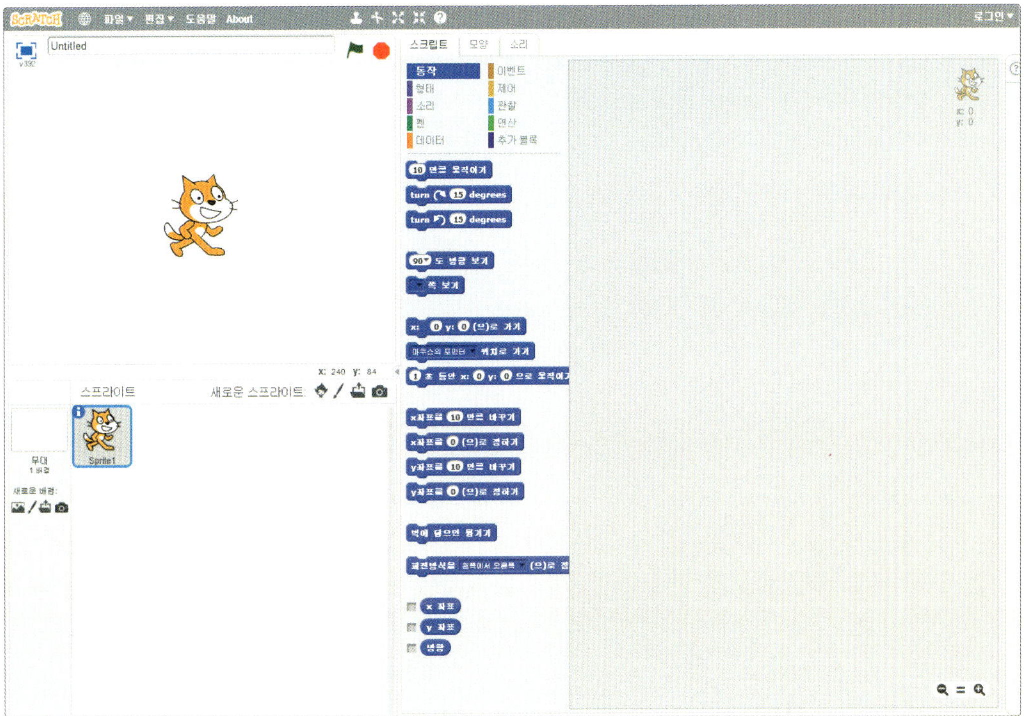

스크래치로 다양한 게임도 만들 수 있는데 이 책에서 만들 게임 몇 가지를 먼저 소개하겠습니다.

먼저 https://scratch.mit.edu/projects/11850217/를 접속하면 왼쪽 그림이 보입니다. 물방울 소리가나오고 있습니다. 방향키를 이용해서 물고기를 움직여 상어와 게를 피해야 합니다. 6장에서 직접 만들어볼 게임입니다.

http://scratch.mit.edu/projects/11911507/를 접속하면 왼쪽 그림이 보입니다. 방향키를 이용해 게를 움직이면서 하늘에서 떨어지는 물고기를 잡는 게임으로 물고기를 잡으면 점수가 올라갑니다. 번개에 맞으면 생명이 감소하니 조심하십시오. 7장에서 여러분이 직접 만들 게임입니다.

이외에도 이 책을 읽어가면 훨씬 다양한 게임과 프로그램을 직접 만들 수 있습니다. 그리고 스크래치 웹사이트를 방문하면 다른 사람들이 만들어 공유한 다양한 게임을 즐길 수 있습니다. 물론 스크래치로 만든 게임입니다.

이제 스크래치가 무엇인지 조금 궁금해졌을거라 생각합니다. 스크래치를 배워봅시다.

스크래치 화면 살펴보기

스크래치는 인터넷만 접속할 수 있는 환경이라면 언제 어디서나 쉽게 프로그래밍할 수 있는 환경을 제공합니다. 바로 웹사이트에서 프로그램을 작성할 수 있기에 가능한 일이지요.

그럼 다시 웹 브라우저 주소창에 http://scratch.mit.edu를 입력해봅시다. 아래 화면이 보일 겁니다.

앞서 0장에서 가입한 아이디로 로그인을 합시다. 로그인을 하면 친절하게 모두 한글로 된 화면이 보입니다.

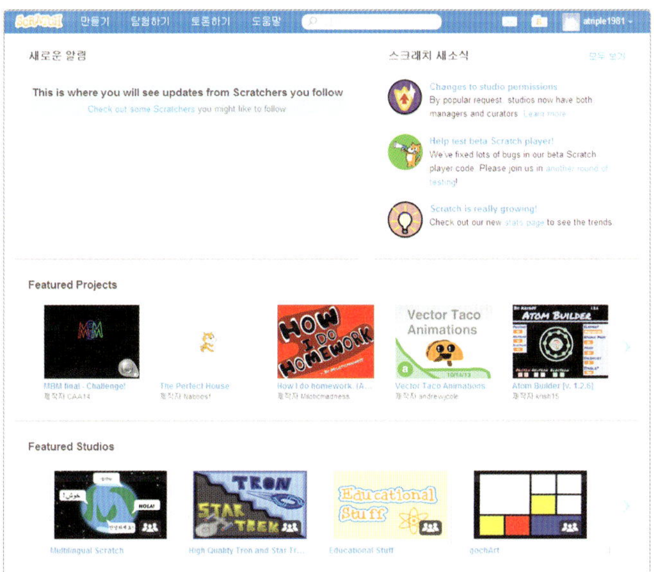

화면 맨 윗줄의 [만들기] 버튼을 누르면 스크래치 프로그램을 만들 수 있는 화면이 나옵니다.

기능이 많아 보이는데 화면의 대표 기능을 간단히 설명하겠습니다. 상세한 설명은 다른 장에서 할 예정이니 지금은 무엇이 있는지 이름만 익혀둡시다.

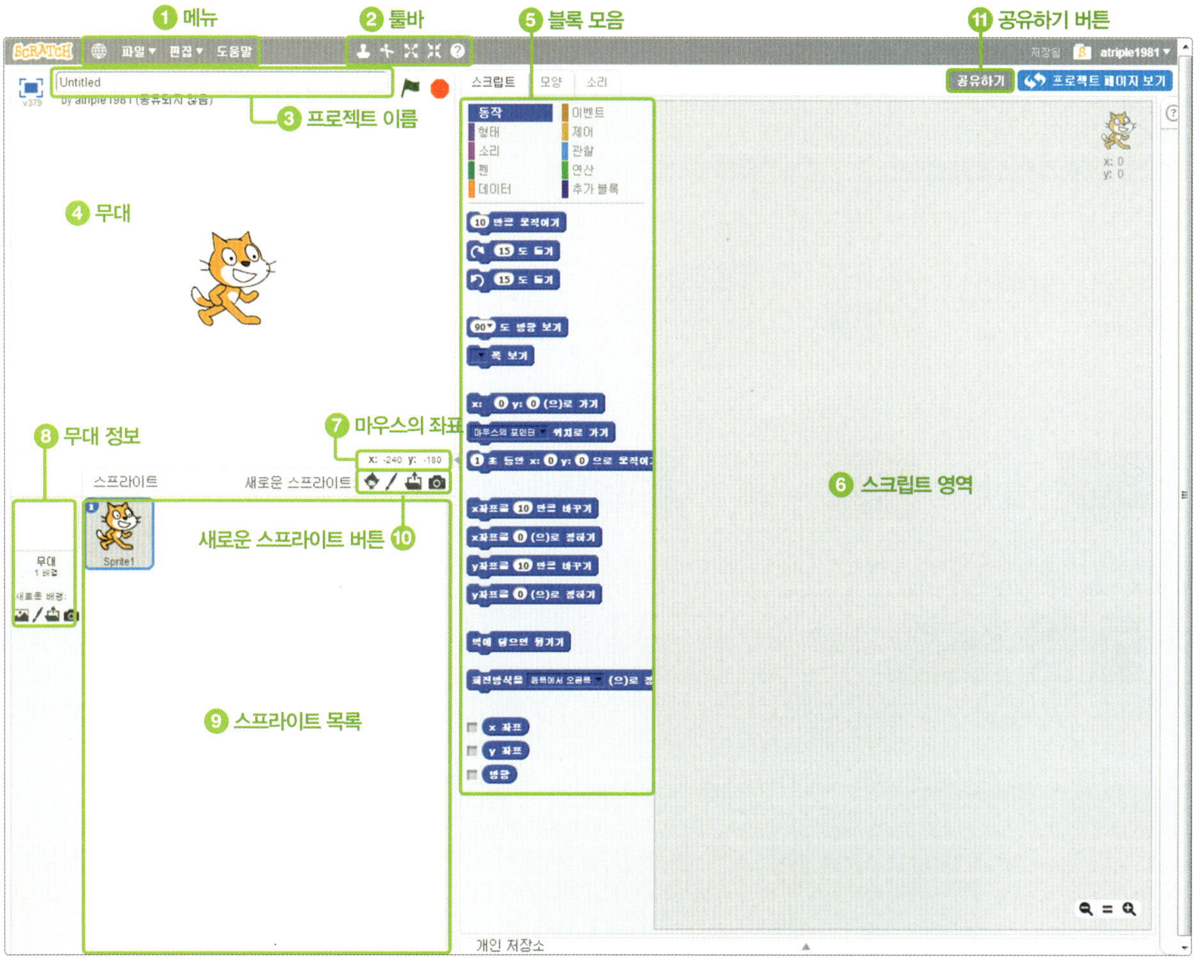

1 메뉴 : 언어선택(🌐), 파일, 편집, 도움말 등의 기능을 이용할 수 있습니다.

2 툴바 : 복사, 삭제, 확대, 축소와 블록 도움말 기능을 이용할 수 있습니다.

3 프로젝트 이름 : 현재 작업 중인 프로젝트의 이름으로 변경할 수 있습니다.

4 무대 : 스프라이트가 동작하는 공간입니다.

5 블록 모음 : 프로그램을 작성하기 위한 블록들을 모아놓은 곳입니다.

6 스크립트 영역 : 블록을 이용해서 스크립트를 작성하는 영역입니다.

7 마우스의 좌표 : 마우스의 현재 (x, y) 좌표를 나타냅니다.

8 무대 정보 : 현재 무대 배경을 보여주고 새로운 배경을 선택할 수 있습니다.

⑨ 스프라이트 목록 : 프로젝트에 포함된 스프라이트들의 목록을 보여줍니다.

⑩ 새로운 스프라이트 버튼 : 새로운 스프라이트를 만들 수 있습니다.

⑪ 공유하기 버튼 : 프로젝트를 다른 사람과 공유할 수 있습니다.

⚠여기서잠깐

스프라이트와 스크립트

오른쪽 그림에는 바닷가 무대를 배경으로 고양이와 앵무새가 있는데 이렇게 무대 위에서 움직이는 개체를 **스프라이트**라 합니다.
스프라이트에 이동, 연산 등을 하도록 명령하면 그에 따라 다양하게 움직이거나 명령을 수행합니다.

그렇다면 어떻게 스프라이트에 명령을 할까요? 그게 바로 스크립트입니다. 스프라이트가 어떤 동작을 하는지를 나타내는 것이 **스크립트**인데 여러분이 직접 만들 부분입니다. 그럼 스크립트의 예를 한번 봅시다. 각자 다음 예를 보고 무엇을 하는 걸까 상상해보세요. 지금은 당연히 몰라도 상관없습니다.

간단히 스크래치 화면을 살펴봤으니 이제 스크래치로 뭔가를 만들어 봅시다.

처음 만들어 보는 프로그램

지금부터 고양이가 인사하면서 앞뒤로 움직이는 간단한 프로그램을 만들겠습니다. 절대 눈으로만 책을 보지 말고 꼭 따라서 만들도록 합시다.

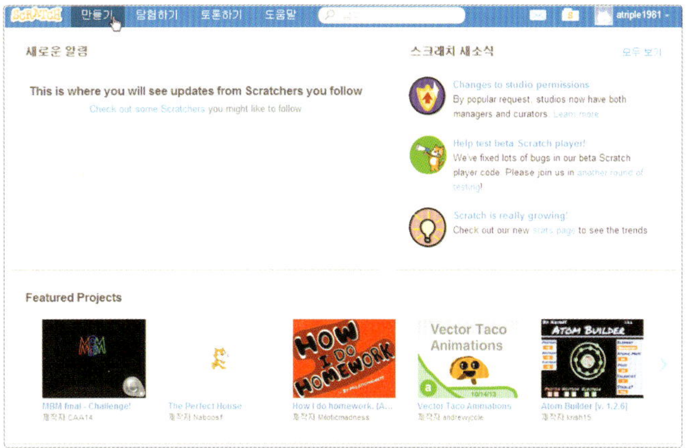

1 http://scratch.mit.edu에 로그인한 후 [만들기] 버튼을 누릅니다. 다음부터 이 과정은 생략하겠습니다.

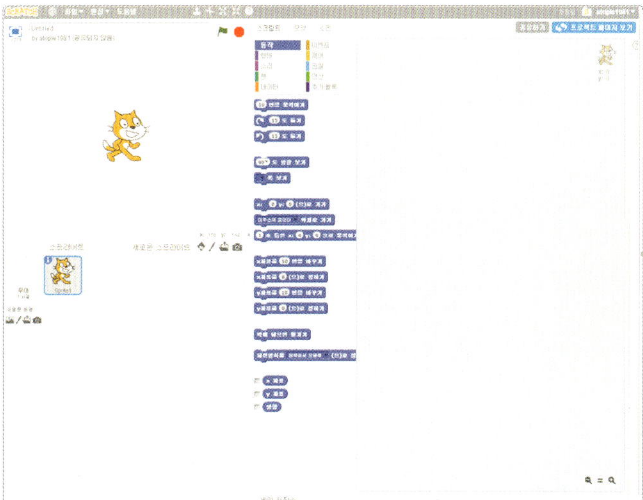

2 스크래치 프로그램을 만들 수 있는 화면이 열립니다.

3 [스크립트] 탭의 형태 버튼을 누릅니다. 그러면 형태 카테고리에 속하는 블록들이 나타납니다. 블록들의 용도가 궁금하겠지만, 우선은 끝까지 따라와주세요.

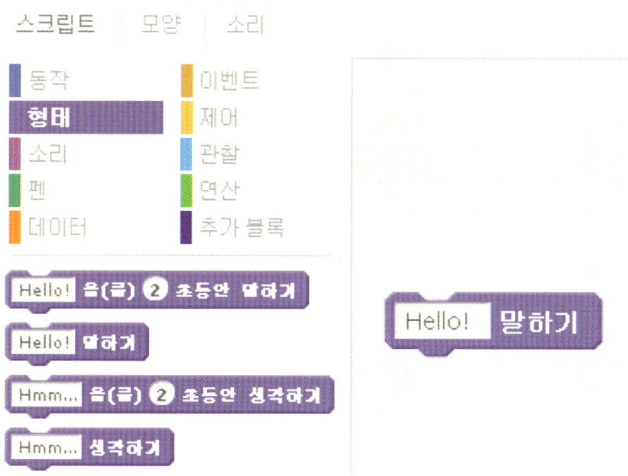

4 형태 카테고리의 Hello! 말하기 블록을 끌어와서 오른쪽에 위치한 스크립트 영역에 놓습니다. 이제부터 스크립트의 동작, 형태, 소리 등을 카테고리라 칭할 겁니다.

처·음·만·나·는·블·록

형태 / Hello! 말하기

입력한 내용이 말풍선으로 나타납니다. '말하기'지만 소리가 나진 않습니다.

5 'Hello!' 대신에 '안녕! 반가워'로 변경해봅시다. 다른 말을 넣어도 좋습니다.

6 스크립트 영역으로 가져온 블록을 클릭해봅시다. 블록을 클릭하면 실행을 하게 됩니다. (블록을 클릭하는 것은 실행시킨다는 뜻입니다.) 여러분이 조금 전에 말하기 블록에 넣었던 내용이 고양이 옆에 말풍선으로 뜰 겁니다.

7 움직이는 기능을 추가해봅시다. [동작] 카테고리의 [10 만큼 움직이기] 블록을 끌어와서 스크립트 영역의 [안녕! 반가워 말하기] 아래에 둡시다. 자동으로 두 블록이 붙는 걸 볼 수 있을 겁니다. 이제 [10 만큼 움직이기]를 실행하면 고양이가 오른쪽으로 10만큼 움직일 겁니다. 실행은 블록을 클릭하면 됩니다.

처음 만나는 블록

[동작] / [10 만큼 움직이기]

동작 카테고리의 움직이기 블록을 사용하면 스프라이트가 설정한 값만큼 움직입니다. 설정 값이 양수면 앞으로 움직입니다. 그렇다면 음수로 넣으면 어떻게 되는지 생각해봅시다. 설정 값이 음수면 뒤로 움직입니다. 마치 앞뒤로 움직이는 듯 보입니다.

8 지금까지 만든 스크립트를 클릭하면 고양이가 말하면서 조금 앞으로 움직이는 것을 확인할 수 있습니다.

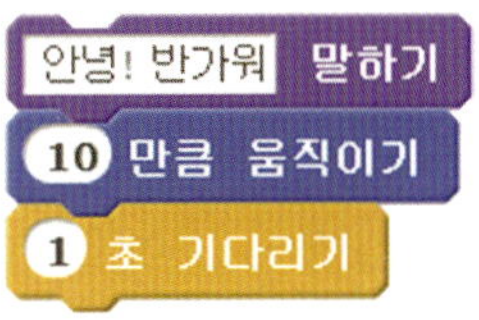

9 이번에는 [제어] 카테고리의 [1 초 기다리기] 블록을 연결해봅시다. 특별한 설명없이 블록을 연결하자고 할 때는 꼭 마지막 블록 다음에 연결합시다.

[1 초 기다리기]는 1초 동안 기다리는 명령 블록입니다.

처음 만나는 블록

[제어] / [1 초 기다리기]

설정한 시간 동안 기다립니다.

10 스크립트 영역의 [10 만큼 움직이기] 블록을 마우스 오른쪽 버튼을 눌러 '복사'를 선택하면 [10 만큼 움직이기] 블록과 아래에 위치한 블록들이 복사되어 마우스 끝에 붙어 있습니다. 이 복사된 블록들을 연결합시다.

11 이번에는 다시 [스크립트] 탭의 (10 만큼 움직이기) 블록을 끌어 연결합시다.

12 스크립트를 클릭해봅시다. 제대로 따라 했다면 고양이가 말을 하고 1초 간격으로 앞으로 이동하는 것을 확인할 수 있습니다. 간단하지만 드디어 여러분의 첫 번째 프로그램을 만들어 보았습니다. 스크래치에서는 프로그램을 프로젝트라고 합니다.

실전 1-1

도전해보기

고양이가 말을 하며 앞으로 20만큼 3번 움직였다가 뒤로 20만큼 3번 움직여 원래 위치로 이동하는 스크립트를 만들려고 합니다. 그렇다면 (?) 에 어떤 값이 들어가야 고양이가 뒤로 20만큼 움직일지 생각해봅시다.

요점정리

- 스크래치는 2007년 1월에 매사추세츠 공과대학(MIT) 미디어 랩에서 개발한 교육용 프로그래밍 언어로, 누구나 쉽게 프로그램을 만들 수 있게 하려고 탄생했습니다.
- 현재 사용되고 있는 스크래치 2.0 버전은 스크래치 웹사이트(https://scratch.mit.edu)에서 직접 프로그램을 만들고 저장할 수 있습니다.
- [형태] 카테고리의 ['Hello!'말하기] 블록은 텍스트를 출력합니다.
- [동작] 카테고리의 ['10'만큼 움직이기] 블록은 스프라이트를 움직입니다.
- [제어] 카테고리의 ['1'초 기다리기] 블록은 설정한 시간 동안 기다립니다.

연습문제

1 스크래치 웹사이트(https://scratch.mit.edu)에 회원으로 가입하고 웹사이트에서 제공하는 다양한 프로젝트를 경험해봅시다.

2 고양이가 '안녕! 반가워'라는 말을 하며 앞으로 20만큼 움직였다가 뒤로 20만큼 움직이는 동작을 3번 반복하는 프로젝트를 만들어 봅시다.

CHAPTER 02 기초 계산

- 두 수의 차 구하기
- 계승 구하기
- 짝수와 홀수를 판별하고 짝수와 홀수의 개수를 구하기
- 거듭제곱 구하기

1997년 지금까지도 회자되는 역사적인 체스 대회가 열렸습니다. 딥 블루가 체스 세계 챔피언인 게리 카스파로프에게 도전장을 내밀었습니다. 대회는 도전자 딥 블루의 승리로 끝났으며 이 결과에 온 세계가 깜짝 놀랐습니다. 겉보기에는 그저 챔피언이 바뀐 것뿐인데 왜 놀랐을까요? 바로 딥 블루가 사람이 아닌 컴퓨터였기 때문입니다.

이로부터 12년 뒤인, 2009년부터 지금까지 미국의 구글이라는 회사에서는 특별한 프로젝트를 진행하고 있습니다. 운전대 없이 자동으로 움직이는 무인 자동차를 개발 중인데 이미 상당 부분 성공했다고 합니다. 구글은 이 무인 자동차가 카메라와 레이더 등 각종 센서와 소프트웨어로 동작하며, 조만간 상용화할 계획이라고 합니다.

이런 일이 가능한 이유는 컴퓨터 소프트웨어의 빠르고 정확한 계산 능력 때문입니다. '설마 더하기 빼기가 이런 일과 관련이 있겠어?'라고 생각할 수도 있겠지만, 실제 모든 컴퓨터 소프트웨어는 이런 단순한 계산에서부터 시작합니다.

그러면 지금부터 컴퓨터 소프트웨어가 계승, 거듭제곱 등 기초 계산을 어떻게 하는지를 한번 살펴보겠습니다.

두 수의 차 구하기

프로젝트 미리 실행하기 : http://scratch.mit.edu/projects/18497231/

프로젝트를 실행해보면 스크래치 고양이가 임의의 두 정수에 대한 차를 말합니다.

두 수의 차를 구하는 방법은 두 가지가 있습니다. 바로 '큰 수에서 작은 수를 빼는 방법'과 '절댓값을 이용하는 방법'입니다. 이제부터 하나씩 알아보겠습니다.

큰 수에서 작은 수를 빼는 방법

두 수의 차는 큰 수에서 작은 수를 뺀 값입니다. 그러므로 두 수의 크기를 비교하여 큰 수에서 작은 수를 빼면 차를 구할 수 있습니다.

생각보다 간단하므로 바로 두 수의 차를 구하는 알고리즘을 살펴보도록 하겠습니다.

알고리즘

STEP 01 변수 a와 b 각각에 임의의 수를 저장한다.

STEP 02 만약 a가 b보다 크면 a에서 b를 뺀 값을 변수 diff에 저장하고, 그렇지 않으면 b에서 a를 뺀 값을 diff에 저장한다.

STEP 03 a와 b의 차인 diff 값을 출력하고 종료한다.

⚠ 여기서잠깐

변수

프로젝트가 실행되는 동안 값을 저장하는 공간, 즉 독방이라고 생각하면 쉽습니다. 독방은 혼자만 들어갈 수 있습니다. 따라서 변수도 값을 하나만 저장할 수 있습니다.

알고리즘에 대해 정확하게 이해하기 위해 7과 11을 대입해서 어떻게 수행되는지 살펴보겠습니다.

1 STEP 01 변수 a에 7을 저장하고 b에 11을 저장합니다.

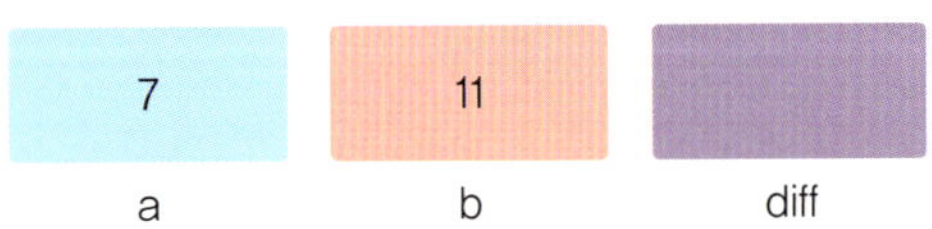

2 STEP 02 a가 b보다 크지 않으므로 b 값인 11에서 a 값인 7을 뺀 값 4를 diff에 저장합니다.

3 STEP 03 두 수의 차인 diff 값 4를 출력하고 종료합니다.

프로젝트 작성하기

이제 알고리즘을 스크래치로 표현해봅시다.

1 변수 a와 b에 1부터 100까지 중 무작위 수 하나를 저장합니다.

실전 2-1

2 a와 b의 차를 구해 diff에 저장하려고 합니다. 그렇다면 (1)에 >과 < 중 어떤 내용이 들어가야 하는지 생각해보고 채우기 바랍니다.

3 두 수의 차인 diff 값을 말하면 프로젝트가 완성됩니다.

절댓값을 이용하는 방법

두 수의 차를 구하는 또 다른 방법은 절댓값을 이용하는 것입니다.

두 수의 크기와 관계없이 a에서 b를 뺀 값의 절댓값이 a와 b의 차가 됩니다. 예를 들어, 5와 7에 대한 차는 5에서 7을 뺀 값인 −2의 절댓값인 2가 됩니다.

절댓값을 이용해서 두 수의 차를 구하는 알고리즘을 살펴보겠습니다.

알고리즘

STEP 01 변수 a와 b 각각에 임의의 수를 저장한다.

STEP 02 a에서 b를 뺀 값에 대한 절댓값을 변수 diff에 저장한다.

STEP 03 a와 b의 차인 diff 값을 출력하고 종료한다.

여기서잠깐

절댓값

절대라는 말은 아무런 조건이나 제약이 없다는 뜻입니다. 수에 조건과 제약이 없다. 즉, 실수에서 양의 부호(+)와 음의 부호(−)를 뺀 값을 말합니다. 이를 수학에서 표현할 때는 수를 | |로 가둬서 표현합니다. a의 절댓값이라 하면 |a|라고 표현하죠.

그러면 −7의 절댓값은 얼마일까요?

바로 7이랍니다.

$$|-7| = 7$$

알고리즘에 대해 정확하게 이해하기 위해 7과 11을 대입해서 어떻게 수행되는지 살펴보겠습니다.

1 STEP 01 변수 a에 7, 변수 b에 11을 저장합니다.

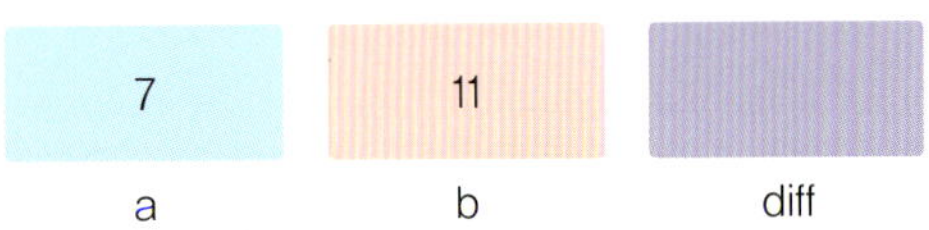

2 STEP 01 a 값인 7에서 b 값인 11을 뺀 값인 −4의 절댓값 4를 diff에 저장합니다.

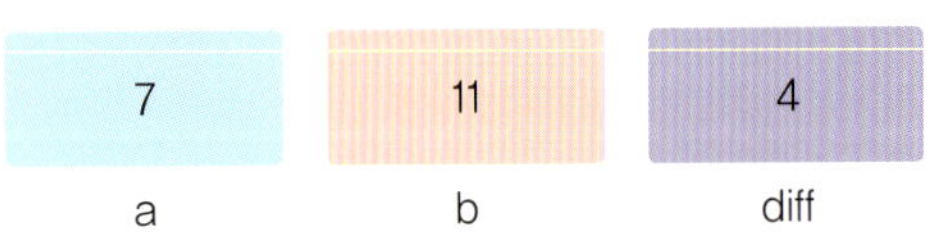

3 STEP 01 두 수의 차인 diff 값 4를 출력하고 종료합니다.

프로젝트 작성하기

이번에는 절댓값 알고리즘을 스크래치로 표현해봅시다.

1 변수 a와 b에 1부터 100까지 중 무작위 수 하나를 저장합니다.

실전 2-2

2 a에서 b를 뺀 값에 대한 절댓값이 a와 b의 차가 됩니다. 그렇다면 (2)에 어떤 내용이 들어가야 하는지 생각해보고 채우기 바랍니다. 연산 카테고리의 절대값 ▼ of 9 을 이용하면 절댓값을 구할 수 있습니다.

3 두 수의 차인 diff 값을 말하면 프로젝트가 완성됩니다.

짝수와 홀수 개수 세기

프로젝트 미리 실행하기 : http://scratch.mit.edu/projects/19839096/

프로젝트를 실행하면 5자리의 임의의 정수를 말하고, 이 수의 각 자리 숫자에서 짝수와 홀수가 몇 개인지 말합니다.

각 자리 숫자 중 짝수와 홀수의 개수를 세는 방법을 이해하기 위해서는 우선, 임의의 수가 짝수인지 홀수인지 판별하는 방법에 대해 알아야 합니다. 그러므로 짝수와 홀수를 판별하는 방법에 대해 먼저 알아보고, 그다음에 각 자리 숫자 중 짝수와 홀수의 개수를 세는 방법에 대해 알아보겠습니다.

짝수와 홀수 판별하기

짝수와 홀수를 구별하는 방법으로 흔히 2로 나눠서 나머지가 0이 되는 수를 짝수라 합니다. 여러분의 강의실을 떠올려 봅시다. 강의실에서 두 명씩 짝을 이뤄 앉았을 때 짝이 다 맞으면 혼자 앉는 사람은 없을 겁니다. 이게 바로 2로 나눠서 나머지가 없는 상태이고, 누군가 한 명이 혼자 앉아 있다면 나머지가 1인 상태입니다. 모두 짝이 있다면 강의실의 학생 수는 짝수, 혼자 앉는 친구가 있다면 강의실의 학생수는 홀수인 거지요.

간단히 7을 살펴보면 2로 나눠서 나머지가 1이니 7은 홀수입니다. 8을 2로 나누면 나머지는 0이니 8은 짝수인 셈이죠. 이런 원리를 이용해서 임의의 수가 짝수인지 홀수인지를 판별합니다.

그러면 짝수와 홀수를 판별하는 알고리즘을 살펴보겠습니다.

알고리즘

STEP 01 변수 a에 임의의 수를 저장한다.

STEP 02 a를 2로 나눈 나머지가 0이면 a는 짝수라고 출력하고, 그렇지 않으면 a는 홀수라고 출력하고 종료한다.

임의의 수가 5일 때를 가정하고 한번 알고리즘을 따라가 봅시다.

5
a

1 STEP 01 변수 a에 5를 저장합니다.

5
a

2 STEP 02 a 값인 5를 2로 나누면 나머지는 1이 됩니다. 나머지인 1이 0이 아니므로 a 값인 5는 홀수라고 출력하고 종료합니다.

프로젝트 작성하기

그러면 a가 짝수인지 홀수인지 판별하는 프로젝트를 작성해보겠습니다.

1 변수 a에 1부터 10까지 중 무작위로 수를 하나 저장합니다.

실전 2-3

2 a를 2로 나눈 나머지가 0인지 판별하려고 합니다. 그렇다면 조건 구조의 (3)과 (4)에 어떤 내용이 들어가야 할까 하는지 생각해봅시다. (( ) 나누기 ( ) 의 나머지)를 이용하면 나머지를 구할 수 있습니다.

3 a를 2로 나눈 나머지가 0이면 a는 짝수이므로, a는 짝수라는 말을 하고, 그렇지 않으면 홀수라는 말을 합니다.

⚠ 여기서잠깐

변수명 num, numEven, numOdd

프로그래밍 언어에서 영어를 알면 변수명을 짓고 읽는 데 조금 더 유리합니다.

num은 숫자(number)의 약자입니다. 영어에서 짝수를 even number, 홀수를 odd number라 부릅니다. 그래서 짝수를 담아두는 변수를 numEven, 홀수를 담아두는 변수를 numOdd로 사용합니다. 조금 더 익숙해지면 아마 여러분도 자연스럽게 변수명을 만들 수 있을 겁니다.

짝수와 홀수 개수 세기

345의 각 자리 숫자에서 짝수는 4 한 개이고 홀수는 3과 5 두 개입니다. 우리는 수를 보면 쉽게 짝수와 홀수의 개수를 셀 수 있으나 컴퓨터 프로그램이 개수를 세려면 해결하는 규칙이 있어야 합니다.

그러면 짝수와 홀수 개수를 세는 알고리즘을 살펴보겠습니다.

알고리즘

STEP 01 변수 num에 임의의 수를 저장한다. 여기서 num은 짝수와 홀수 개수를 판별할 수를 넣을 변수다.

STEP 02 짝수 개수를 저장할 변수 numEven과 홀수 개수를 저장할 변수 numOdd에 0을 저장하고, 변수 a에 1을 저장한다.

STEP 03 다음을 num에 저장된 수의 자릿수만큼 반복한다.

1. num의 앞에서 a번째에 위치한 수가 짝수면 numEven을 1 증가하고, 그렇지 않으면 numOdd를 1 증가한다.
2. a 값을 1 증가한다.

STEP 04 numEven 값과 numOdd 값을 출력하고 종료한다.

345에 대해 알고리즘이 어떻게 수행되는지 살펴보겠습니다.

345	0	0	1
num	numEven	numOdd	a

1 **STEP 01** **STEP 02** num에 345를 저장하고, 짝수 개수를 저장하는 numEven과 홀수 개수를 저장하는 numOdd에 0을 저장합니다. 그리고 몇 번째 위치인지를 의미하는 a에 1을 저장합니다.

num	numEven	numOdd	a
345	0	1	1

2 STEP 03-1 num의 a번째 수가 홀수인 3이므로 numOdd 값을 1 증가시킵니다.

num	numEven	numOdd	a
345	0	1	2

3 STEP 03-2 a의 값을 1 증가시켜 a는 2가 됩니다.

num	numEven	numOdd	a
345	1	1	2

4 STEP 03-1 num의 a번째 수가 짝수인 4이므로 numEven 값을 1 증가시킵니다.

num	numEven	numOdd	a
345	1	1	3

5 STEP 03-2 a의 값을 1 증가시켜 a는 3이 됩니다.

num	numEven	numOdd	a
345	1	2	3

6 STEP 03-1 num의 a번째 수가 홀수인 5이므로 numOdd 값을 1 증가시킵니다.

num	numEven	numOdd	a
345	1	2	4

7 STEP 03-2 a의 값을 1 증가시켜 a는 4가 됩니다. 드디어 num에 저장된 수의 자릿수인 3번 반복하는 동작을 완료합니다.

num	numEven	numOdd	a
345	1	2	4

8 STEP 04 num에 저장된 수의 모든 자리에 대한 처리가 끝났으므로 numEven 값인 1과 numOdd 값인 2를 출력하고 종료합니다.

프로젝트 작성하기

알고리즘을 이해되었다면 스크래치로 표현해봅시다. 알고리즘은 세 자릿수로 설명했지만, 조금 수준을 높여 다섯 자릿수로 만들어 봅시다.

1 변수 num에 다섯 자리의 무작위 수를 저장하고, 짝수 개수를 저장하는 numEven과 홀수 개수를 저장하는 numOdd에 0을 저장합니다. 그리고 a에 1을 저장합니다.

2 num에 저장된 수의 자릿수만큼 반복하는 구조를 만듭니다.

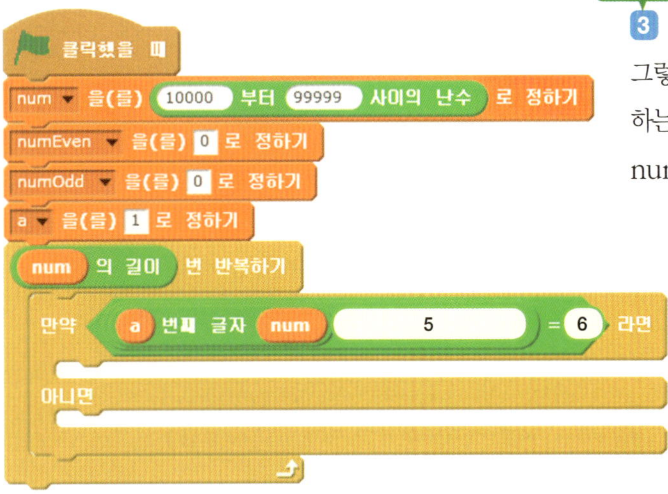

실전 2-4

3 num의 a번째 숫자가 짝수인지 판별하려고 합니다. 그렇다면 (5)와 (6)에 어떤 내용이 들어가야 하는지 생각해보고 채우기 바랍니다.  은 num의 a번째 숫자를 의미합니다.

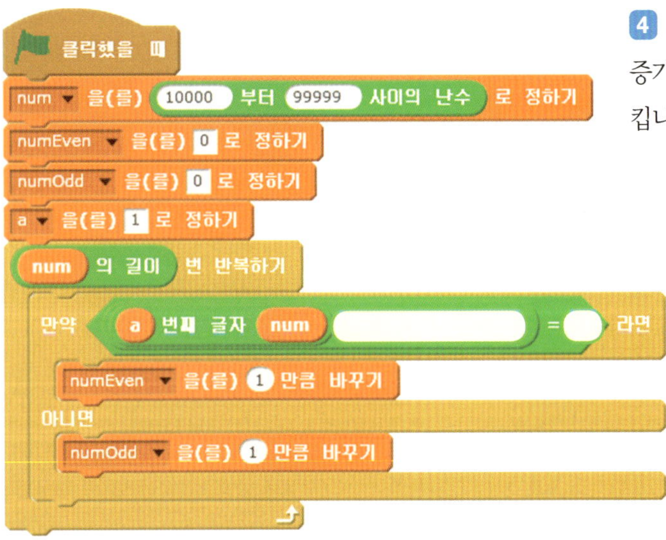

4 num의 a번째 숫자가 짝수면 numEven 값을 1 증가시키고, 그렇지 않으면 numOdd 값을 1 증가시킵니다.

실전 2-5

5 다음 반복에서는 다음 자리에 위치한 숫자에 대해 처리해야 합니다. 그렇다면 (7)에 어떤 내용이 들어가야 하는지 채우기 바랍니다.

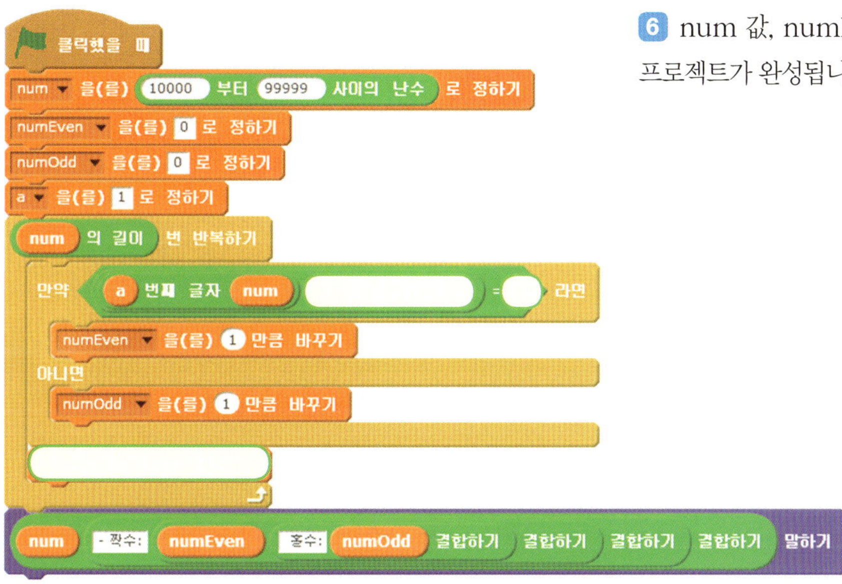

6 num 값, numEven 값, numOdd 값을 말하면 프로젝트가 완성됩니다.

계승 구하기

프로젝트 미리 실행하기 : http://scratch.mit.edu/projects/18494072/

프로젝트를 실행하여 계승을 구할 수를 입력하면 입력한 수에 대한 계승을 말합니다. 다음은 7을 입력했을 경우의 화면입니다.

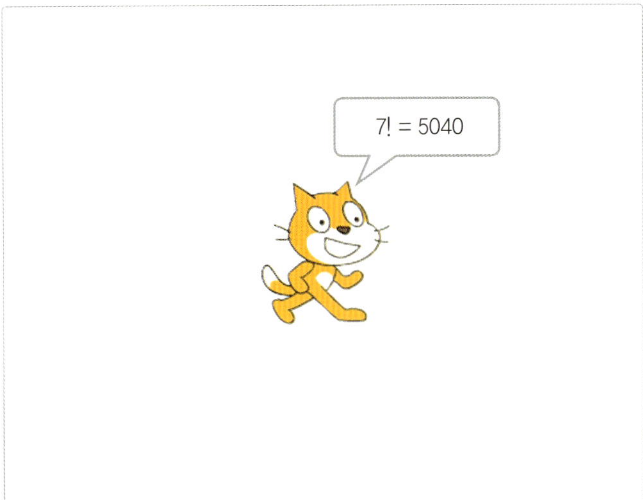

계승이란 1부터 임의의 양의 정수까지의 정수를 모두 곱한 것을 말하며 n!로 나타냅니다. 예를 들면, 5!은 1×2×3×4×5로 120이 됩니다. 계승은 팩토리얼(factorial)이라고도 합니다.

단, 0!은 1로 약속합니다.

그러면 계승을 구하는 알고리즘을 살펴보겠습니다.

알고리즘

STEP 01 변수 n에 임의의 정수를 저장하고 결과를 저장할 변수 fact에 1을 저장한다.

STEP 02 변수 a에 1을 저장한다.

STEP 03 만약 a가 n보다 크면 STEP 06 으로 이동한다.

STEP 04 fact 값과 a 값을 곱한 값을 fact에 저장한다.

STEP 05 a 값을 1 증가시키고 STEP 03 으로 이동한다.

STEP 06 n!인 fact 값을 출력하고 종료한다.

그러면 3!에 대한 알고리즘 수행 과정을 살펴보겠습니다.

n	fact	a
3	1	

1 STEP 01 변수 n에 3을 저장하고 fact에 1을 저장합니다. fact는 n! 값을 저장할 변수로 초기에는 1을 저장합니다.

n	fact	a
3	1	1

2 STEP 02 변수 a에 1을 저장합니다. a는 1부터 n까지 1씩 증가하면서 fact에 곱해집니다.

n	fact	a
3	1	1

3 STEP 03 a가 n보다 크지 않으므로 종료하지 않고 다음 단계로 넘어갑니다.

n	fact	a
3	1	1

4 STEP 04 fact 값 1과 a 값 1을 곱한 값인 1을 fact에 저장합니다.

n	fact	a
3	1	2

5 STEP 05 a 값을 1 증가시키고 STEP 03 으로 이동합니다.

n	fact	a
3	1	2

6 STEP 03 a가 n보다 크지 않으므로 종료하지 않고 다음 단계로 넘어갑니다.

n	fact	a
3	2	2

7 STEP 04 fact 값 1과 a 값 2를 곱한 값인 2를 fact에 저장합니다.

n	fact	a
3	2	3

8 STEP 05 a 값을 1 증가시키고 STEP 03 으로 이동합니다.

n	fact	a
3	2	3

9 STEP 03 a가 n보다 크지 않으므로 종료하지 않고 다음 단계로 넘어갑니다.

n	fact	a
3	6	3

10 STEP 04 fact 값 2와 a 값 3을 곱한 값인 6을 fact에 저장합니다.

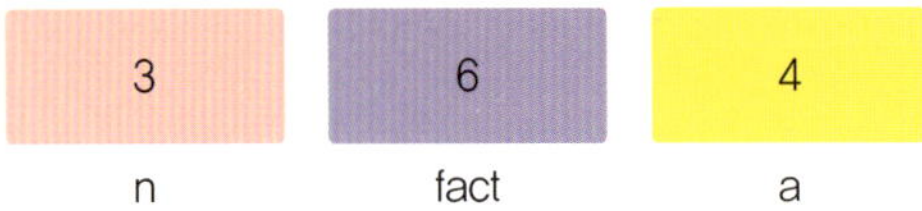

⑪ STEP 05 a 값을 1 증가시키고 STEP 03 으로 이동합니다.

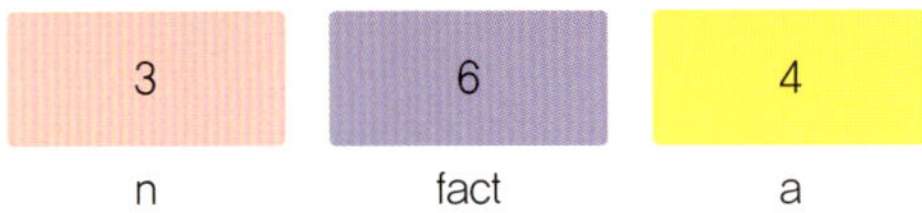

⑫ STEP 03 a가 n보다 크므로 STEP 06 으로 이동합니다.

⑬ STEP 06 3!인 fact 값 6을 출력하고 종료합니다.

프로젝트 작성하기

이제 스크래치 프로젝트로 만들어 보겠습니다.

① 계승을 구할 수를 입력받아 변수 n에 저장하고 변수 fact에 1을 저장합니다. 그리고 a에 1을 저장합니다.

② fact 값과 a 값을 곱해 fact에 저장하고, a 값을 1 증가시키는 동작을 반복하는 구조를 만듭니다.

실전 2-6

3 a의 값을 1부터 n까지 하나씩 증가시키면서 fact와 곱하려고 합니다. 그렇다면 (8)에 어떤 내용이 들어가야 하는지 생각해보고 채우기 바랍니다.

4 n! 결과인 fact 값을 말하면 프로젝트가 완성됩니다.

실전 2-7

도전해보기

다음과 같이  와  의 위치를 바꿔도 똑같이 수행되도록 스크립트를 수정해봅시다.

거듭제곱 구하기

프로젝트 미리 실행하기 : http://scratch.mit.edu/projects/18047662/

프로젝트를 실행하여 거듭제곱할 수와 몇 번 거듭해서 곱할지를 입력하면 거듭제곱한 결과를 말합니다. 2를 5번 거듭제곱하면 다음 화면처럼 보일 겁니다.

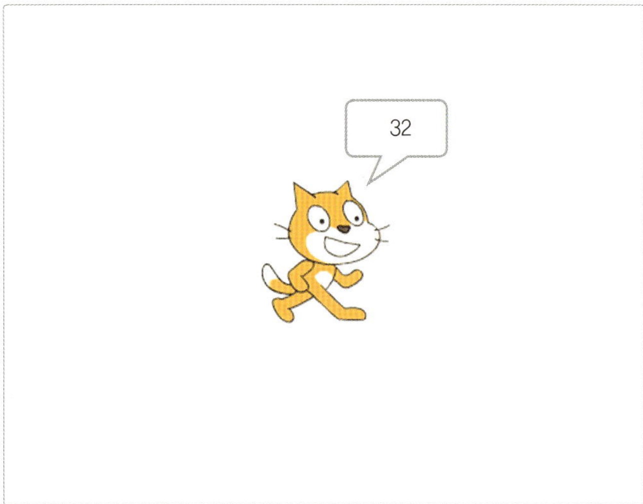

거듭제곱이란 같은 수 또는 식을 거듭해서 곱한 것을 말합니다. 예를 들어, 2에 대한 4 거듭제곱은 2×2×2×2로 16이 되며 2^4으로 나타내는데 2를 밑이라 하고 4를 지수라 합니다. 보통 읽을 때는 2의 4승이라고 합니다.

2^3을 구하는 과정은 다음과 같이 나타낼 수 있습니다.

❶ **결과**(result)에 1을 저장합니다.

❷ **결과** 1에 2를 곱한 값인 2를 **결과**에 저장합니다.

❸ **결과** 2에 2를 곱한 값인 4를 **결과**에 저장합니다.

❹ **결과** 4에 2를 곱한 값인 8을 **결과**에 저장합니다.

❺ **결과** 값 8이 결과가 됩니다.

그런데 ❷ ~ ❹가 같은 내용이니 반복 구조를 사용하면 더 간단해집니다.

곱하는 횟수만큼 반복하는 방법을 이용해서 2^3을 구하는 과정은 다음과 같습니다.

❶ **결과**에 1을 저장합니다.

❷ 다음을 3번 반복합니다.

  – **결과**에 2를 곱한 값을 **결과**에 저장합니다.

❸ **결과**의 값이 결과가 됩니다.

위의 과정을 일반화하여 a를 b번 거듭제곱한 값을 구하는 알고리즘을 살펴봅시다.

알고리즘

STEP 01 밑을 저장할 변수 a와 지수를 저장할 변수 b에 임의의 정수를 저장한다.

STEP 02 변수 result에 1을 저장한다.

STEP 03 다음을 b번 반복한다.

  – result에 a를 곱한 값을 result에 저장한다.

STEP 04 result 값을 출력하고 종료한다.

그러면 2^3에 대한 알고리즘 수행 과정을 살펴보겠습니다.

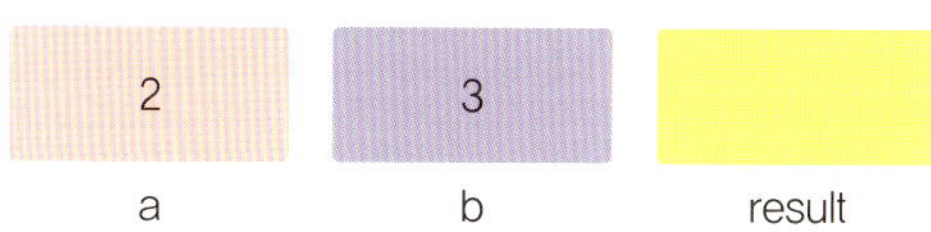

1 STEP 01 변수 a에 2를 저장하고 변수 b에 3을 저장합니다.

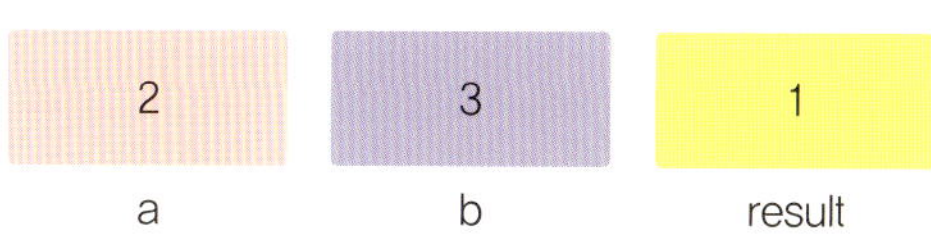

2 STEP 02 변수 result에 1을 저장합니다.

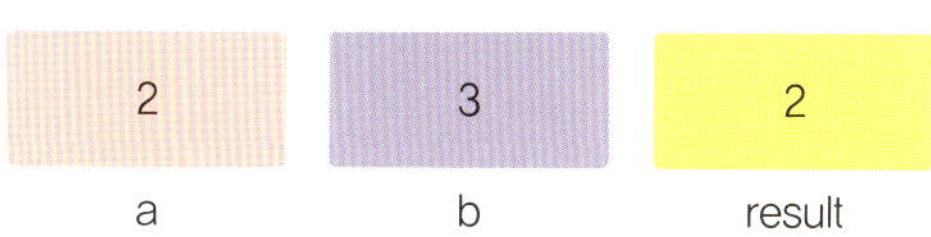

3 STEP 03 result 값 1과 a 값 2를 곱한 값인 2를 result에 저장합니다. 첫 번째 반복입니다.

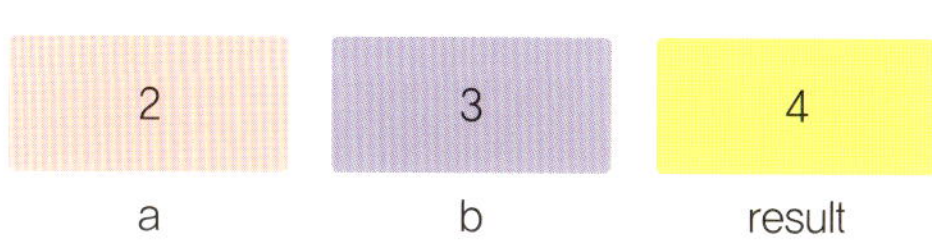

4 STEP 03 result 값 2와 a 값 2를 곱한 값인 4를 result에 저장합니다. 두 번째 반복입니다.

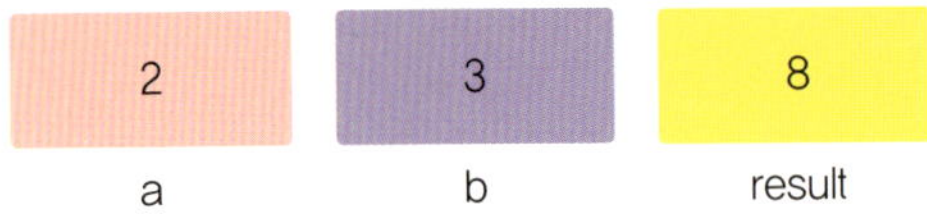

5 STEP 03 result 값 4와 a 값 2를 곱한 값인 8을 result에 저장합니다. 드디어 b인 3번 반복하는 동작을 완료합니다.

6 STEP 04 result 값 8을 출력하고 종료합니다.

프로젝트 작성하기

그러면 살펴본 알고리즘을 이용해서 프로젝트를 작성해보겠습니다.

1 밑과 지수를 입력받아 a와 b에 저장합니다.

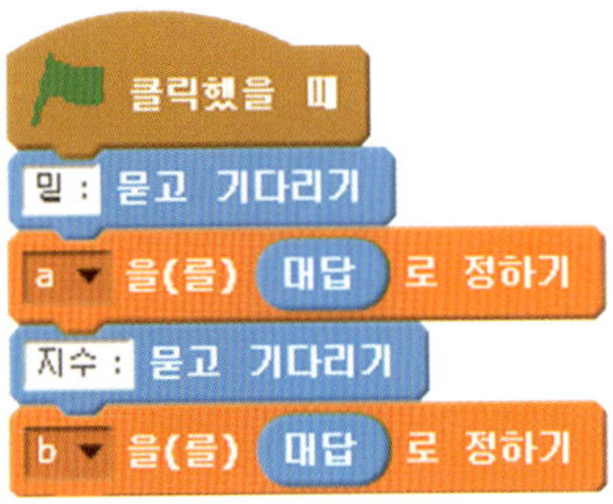

2 결과 값을 저장할 변수인 result에 1을 저장합니다.

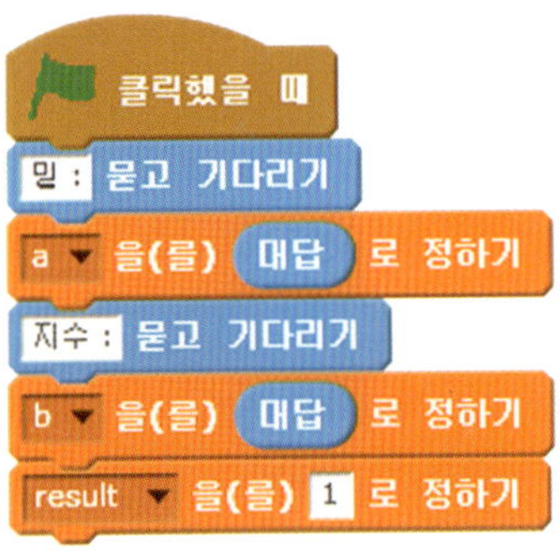

3 b번 반복하는 구조를 만듭니다.

실전 2-8

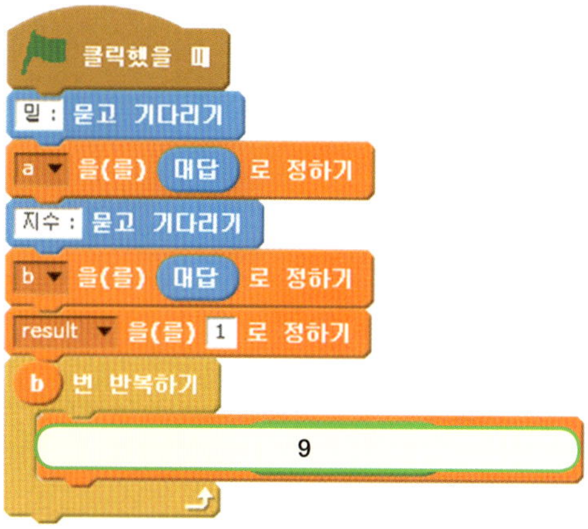

4 result에 a를 곱한 값을 result에 저장하려고 합니다. 그렇다면 (9)에 어떤 내용이 들어가야 할까요?

5 a^b 결과인 result 값을 말하면 프로젝트가 완성됩니다.

실전 2-9

도전해보기

거듭제곱을 구하는 프로젝트를 

블록이 아닌 

블록을 이용해서 작성해봅시다.

요점정리

- 두 수의 차를 구하는 프로젝트를 만들 수 있습니다.
- 짝수와 홀수를 판별하는 프로젝트를 만들 수 있습니다.
- 계승을 구하는 프로젝트를 만들 수 있습니다.
- 거듭제곱을 구하는 프로젝트를 만들 수 있습니다.

연습문제

1 두 수 사이의 3의 배수의 합을 구하는 프로젝트를 만들어 봅시다.

2 등비수열의 일반항을 구하는 프로젝트를 만들어 봅시다.

CHAPTER 03

움직이는 강아지와 앵무새

- 반복해서 실행하는 반복 구조를 이해합니다.
- 강아지가 좌우로 걸어 다니고 앵무새가 좌우로 날아다니는 프로젝트를 작성할 수 있습니다.

프로젝트 실행하기

움직이는 강아지와 앵무새 프로젝트를 실행해보겠습니다.

1 https://scratch.mit.edu/projects/11762905/ 페이지에 접속하면 왼쪽과 같이 '움직이는 강아지와 앵무새' 프로젝트가 열립니다.

2 화면 오른쪽 위의 버튼을 누르면 프로젝트가 실행됩니다.

3 앵무새 2마리가 좌우로 날아다니고 강아지 1마리가 좌우로 걸어 다니는 것을 확인할 수 있습니다.

4 화면 오른쪽 위의 🛑 버튼을 누르면 프로젝트가 종료됩니다.

프로젝트가 어떻게 동작하는지 이해할 수 있을 거라 생각합니다.

강아지와 앵무새는 🛑 버튼을 누를 때까지 계속해서 움직입니다. 그런데 자세히 보면 강아지와 앵무새는 같은 동작을 규칙적으로 반복하면서 움직이고 있습니다. 이번 장에서는 강아지와 앵무새가 이렇게 계속 같은 동작을 규칙적으로 반복하면서 움직일 수 있는 반복 구조를 배우겠습니다. 그럼 프로젝트를 작성하기에 앞서 반복 구조를 살펴보겠습니다.

반복 실행하기

왼쪽 스크립트를 실행하면 처음에 20만큼 움직였다가 1초를 기다렸다 다시 20만큼 반대로 움직입니다. 자세히 보면 이렇게 같은 동작을 3번 합니다.

반복하는 동작이 무엇인지 알 수 있습니까? 왼쪽과 같은 스크립트가 3번 반복되고 있습니다. 이것을 '오락가락'이라고 임의로 이름을 붙이겠습니다.

그런데 이 '오락가락'을 3번이 아니라 100번 반복하려면 계속 블록을 붙여야 할까요? 엄청나게 많은 블록을 연결하면 블록이 너무 길어 화면에서 보기 힘들겁니다.

이럴 때 사용하는 것이 바로 반복 블록입니다. 스크래치에서는 세 종류의 반복 블록을 제어 카테고리에서 제공하고 있습니다.

첫 번째 블록은 설정한 반복 횟수만큼 안에 있는 블록들이 반복해서 실행됩니다.

다음으로 블록은 안에 위치한 블록들이 계속해서 반복적으로 실행됩니다.

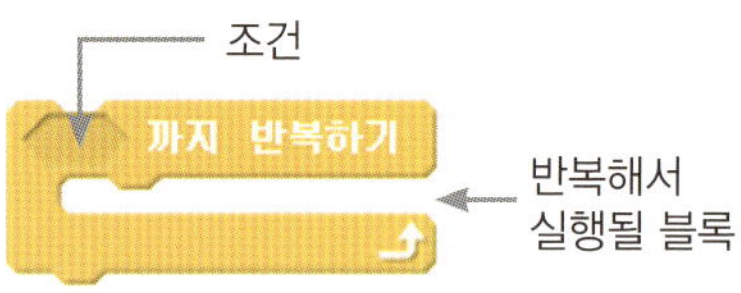

그리고 마지막 블록은 육각형 모양의 에 위치한 조건이 참이 될 때까지 안에 위치한 블록이 반복해서 실행됩니다.

그렇다면 앞에서 '오락가락'을 3번 반복하게 하려면 이 중 어떤 반복 블록을 사용하면 될지 생각해봅시다.

맞습니다. 블록을 사용하면 됩니다. 물론 다른 블록으로도 할 수 있지만 를 사용하는 것이 훨씬 간편한데 이유는 바로 횟수를 제한할 수 있기 때문입니다. 이제 를 이용해서 '오락가락' 3번을 쉽게 표현해보겠습니다.

실전 3-1

도전해보기

횟수 제한 없이 '오락가락'을 계속해서 반복하는 스크립트를 만들려면 어떤 반복 블록을 사용해야 하는지 생각해보고 만들어 봅시다.

이렇게 특정 실행을 여러 차례 반복하는 것을 반복 구조라 합니다. 반복 구조는 앞으로 프로젝트에서 자주 사용할 중요한 개념이니 꼭 기억하시기 바랍니다. 그러면 본격적으로 프로젝트를 작성해보겠습니다.

프로젝트 작성하기

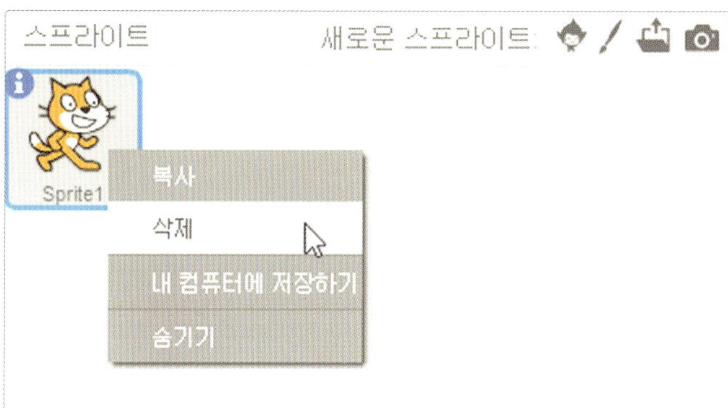

1 스크래치 웹사이트에서 [만들기]를 누르면 고양이 모양의 'Sprite1' 스프라이트가 기본적으로 나옵니다. 이번 프로젝트에서는 필요 없으니 스프라이트 목록의 'Sprite1'을 마우스 오른쪽 버튼을 눌러 [삭제]를 선택하여 삭제합니다.

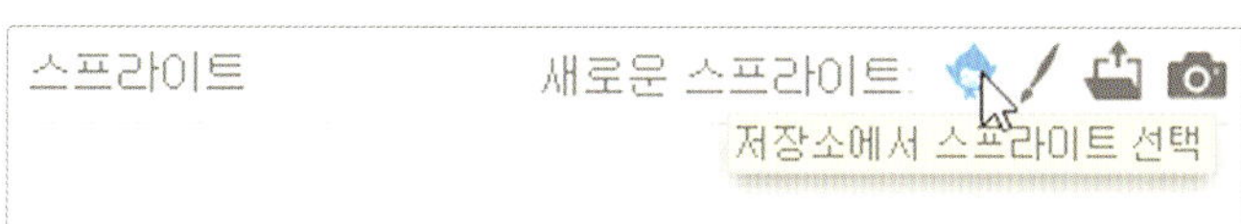

2 이제 앵무새 스프라이트를 만들어봅시다. '저장소에서 스프라이트 선택' 버튼인 을 누릅니다.

⚠ 여기서 잠깐

새로운 스프라이트 만들기

새로운 스프라이트를 만드는 방식은 다음과 같이 4가지가 있습니다.

- 저장소에서 스프라이트 선택: 스프라이트 저장소에서 기본적으로 제공하는 스프라이트를 가져옵니다.
- 새 스프라이트 색칠: 사용자가 그림판으로 직접 스프라이트를 만듭니다.
- 스프라이트 파일 업로드하기: 이미지 파일을 가져와 스프라이트로 사용합니다.
- 카메라로부터 새 스프라이트 만들기: 웹캠으로 사진을 찍은 다음 스프라이트로 사용합니다.

3 다양한 종류의 스프라이트 모양이 있는데, 이 중 'Parrot'을 선택하고 [확인] 버튼을 누르거나 더블 클릭합니다.

4 앵무새 모양의 스프라이트가 무대에 만들어지고 스프라이트 목록에 'Parrot'이 나타납니다.

5 [모양] 탭을 눌러보면 앵무새 모양이 2개 있습니다. 'parrot-a'와 'parrot-b'를 번갈아 가며 보여주면 앵무새가 날갯짓하는 것처럼 보일 것입니다. 이제 날갯짓하는 효과를 만들어 보겠습니다.

6 [스크립트] 탭을 클릭한 다음 형태 버튼을 누릅니다.

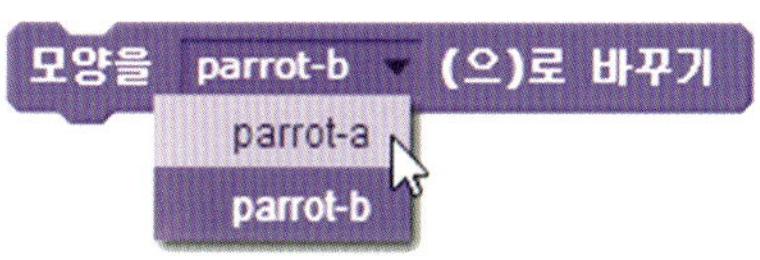

7 모양을 parrot-b (으)로 바꾸기 블록을 끌어와서 스크립트 영역에 놓고 풀다운 메뉴를 이용해서 'parrot-a'로 변경합니다.

처·음·만·나·는·블·록

스프라이트의 모양을 설정한 모양으로 변경합니다.

8 기다리기 블록을 추가해 0.5초 후에 앵무새 모양이 'parrot-b'로 변경되도록 스크립트를 왼쪽처럼 작성합니다. 작성한 다음 스크립트를 클릭해봅시다. 앵무새가 날갯짓을 한 번 하는 것을 볼 수 있을 겁니다.

실전3-2

9 앵무새가 계속해서 날갯짓을 하면 진짜 날아다니는 것 같이 보일 겁니다. 그렇다면 어떤 반복 블록을 사용해야 할지 생각해봅시다. 생각났다면 (1)을 채워봅시다.

처·음·만·나·는·블·록

제어 / 

블록 안쪽에 위치한 블록들을 계속해서 반복적으로 실행합니다.

10 뭔가 부자연스럽게 느껴질 겁니다. 'parrot-b' 모양에서 'parrot-a' 모양으로 너무 빠르게 바뀌는군요. 'parrot-b' 모양 다음에도 0.5초 기다리게 해봅시다.

11 작성한 스크립트를 클릭해도 스프라이트가 동작하지만, 보통은 무대 바로 위에 있는 (깃발)을 눌러 동작하도록 합니다. 눌러봅시다. 제대로 동작하지 않는군요. (깃발)을 눌러 실행하려면 이벤트 카테고리의 (깃발) 클릭했을 때 블록을 실행될 스크립트 맨 위에 연결해야 합니다. 연결했으면 이제 (깃발)을 눌러봅시다.

처·음·만·나·는·블·록

이벤트 / 

시작 버튼인 (깃발)을 클릭하면 아래에 연결된 블록들이 실행됩니다.

12 앞에서 사용한 모양을 parrot-b (으)로 바꾸기 블록 대신 다음 모양으로 바꾸기 블록으로도 같은 효과를 낼 수 있습니다.

처·음·만·나·는·블·록

형태	다음 모양으로 바꾸기

스프라이트의 모양을 모양 목록의 다음 모양으로 변경합니다. 만약 현재 모양이 목록의 마지막 모양이라면 목록의 첫 번째 모양으로 변경합니다.

13 어떻게 하면 다음 모양으로 바꾸기 블록으로 앵무새가 날갯짓하는 모습을 만들 수 있을지 해봅시다. 왼쪽처럼 스크립트를 수정하면 같은 동작을 더 쉽고 짧게 작성할 수 있습니다. 이 블록을 사용하는 것이 훨씬 간단해 보이니 이제 앵무새가 움직이는 동작을 만들어 보겠습니다.

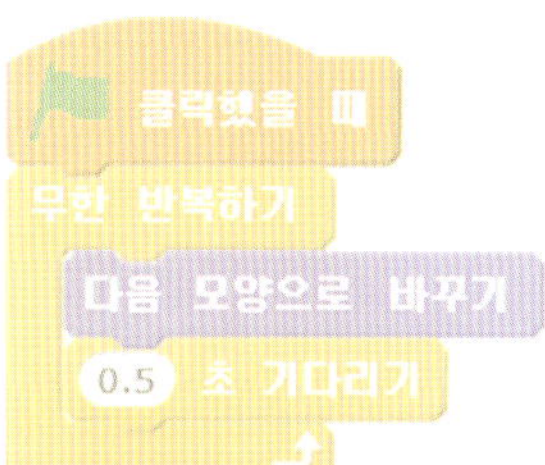

14 새는 날갯짓하며 날아다닙니다. 그러니 이 두 동작을 동시에 할 수 있게 별도로 스크립트를 작성합니다. 깃발을 누르면 계속 반복하도록 왼쪽과 같은 스크립트를 작성합니다.

15 새를 움직이려면 동작 카테고리에서 블록을 골라야합니다. 10 만큼 움직이기 블록을 무한 반복하기 블록 안에 넣은 후 값을 5로 설정합시다.

16 앵무새가 벽에 닿으면 방향을 바꿔야 합니다. 동작 카테고리를 보니 벽에 닿으면 튕기기 블록이 있습니다. 이 블록을 연결합시다.

처음 만나는 블록

동작 / 벽에 닿으면 튕기기

스프라이트가 벽에 닿으면 반대 방향으로 전환합니다.

17 을 눌러 스크립트를 실행시키면 앵무새가 날갯짓하며 움직입니다. 예상과는 다르게 방향을 바꾼 앵무새가 거꾸로 날고 있습니다.

18 앵무새가 거꾸로 날 수는 없으니 앵무새가 제대로 날게 고쳐야합니다. 스프라이트 목록의 'Parrot' 왼쪽 위에 있는 i 를 눌러봅시다.

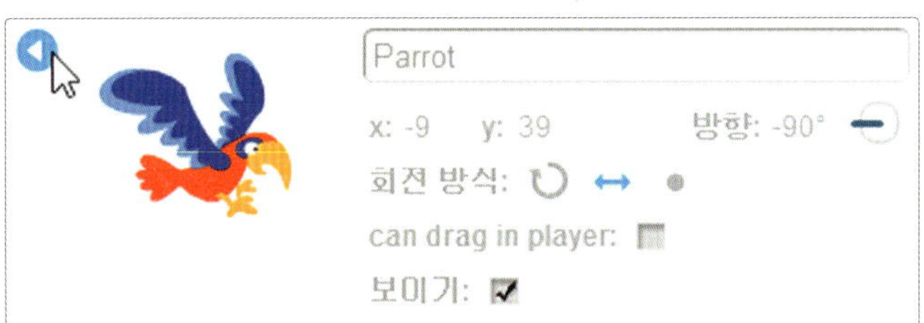

19 스프라이트에 대한 다양한 정보가 나오는데 회전 방식을 ↔으로 설정하면 앵무새가 원래 상태로 돌아옵니다. ◀를 눌러 스프라이트 정보 창을 닫습니다.

⚠ 여기서잠깐

회전 방식

스프라이트의 방향이 변경될 때 모양이 어떻게 보여질지를 설정하는 것으로 다음과 같은 3가지 방식이 있습니다.

- ↻ 회전 가능: 스프라이트의 방향이 변경될 때마다 모양이 회전합니다. 앵무새가 거꾸로 나는 모습을 보고 싶다면 이 방식을 택하면 됩니다.
- ↔ 왼쪽에서 오른쪽으로만: 스프라이트의 방향이 변경될 때마다 모양이 좌우 방향으로 변경됩니다. 이렇게 하면 앵무새가 정상적으로 날아다닙니다.
- ● 회전할 수 없습니다: 스프라이트의 방향이 변경되더라도 모양은 변하지 않습니다. 이 방식을 택하면 앵무새가 뒤로 날아갑니다.

20 화면 위의 축소 버튼 를 누른 다음 앵무새 스프라이트를 마우스 왼쪽 버튼으로 누르면 크기가 줄어드는데 적당한 크기로 줄입니다. 드디어 앵무새 스프라이트에 대한 동작이 완성되었으니 실행시켜 봅시다.

21 앵무새를 한 마리 더 추가하려고 합니다. **3** ~ **20**을 반복해도 되겠지만, 이미 만든 앵무새 스프라이트와 기능이 같으므로 복사합시다. 스프라이트 목록의 앵무새 스프라이트를 마우스 오른쪽 버튼을 눌러 [복사]를 선택합니다. 그러면 또 다른 앵무새 스프라이트가 만들어지는데 스크립트도 똑같이 복사됩니다.

22 앵무새가 겹치지 않게 하나를 적당한 위치로 옮긴 후 실행하면 두 마리의 앵무새가 날아다니는 것을 확인할 수 있습니다.

23 이번에는 움직이는 강아지를 추가하겠습니다. 스프라이트 저장소의 'Dog2'를 이용해서 강아지 스프라이트를 만든 후 적당한 위치로 옮깁니다.

24 강아지 스프라이트의 스크립트를 직접 작성해도 되지만 앵무새 스프라이트의 스크립트와 거의 같으므로 간단히 복사해서 사용합시다. 앵무새 스프라이트의 스크립트 한 개를 복사해서 가져와 스프라이트 목록의 강아지 스프라이트를 클릭하면 복사됩니다. 다른 스크립트도 복사합시다.

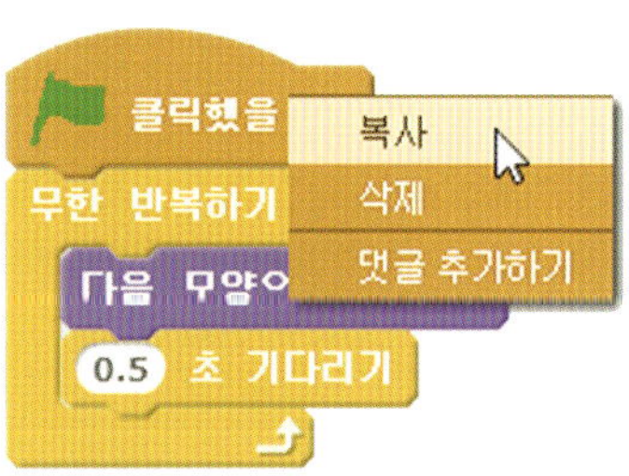

25 강아지 스프라이트의 회전 방식을 '왼쪽에서 오른쪽으로만'으로 설정하고, 모양 변경하는 시간, 움직이는 속도 등을 적당하게 수정합니다.

26 무대 배경을 바꿔보겠습니다. 왼쪽 아래에 위치한 무대 정보 공간에서 새로운 배경의 '저장소에서 배경 선택' 버튼을 누릅니다.

27 [배경 저장소] 창에서 'tree'를 선택하고 [확인] 버튼을 누르면 무대 배경이 변경됩니다.

28 드디어 완성했습니다. 제대로 동작하는지 실행시켜 봅시다.

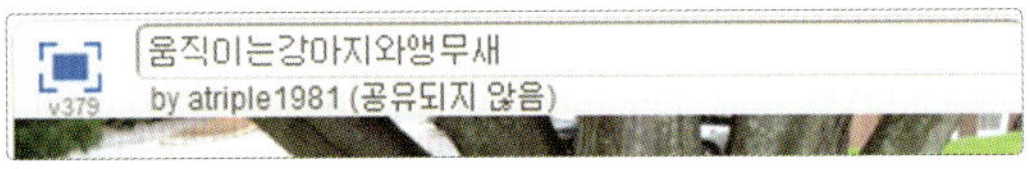

29 프로젝트를 저장하면 나중에 불러와서 다시 사용할 수 있습니다. 우선 프로젝트 제목 입력란에 원하는 프로젝트 이름을 입력합니다.

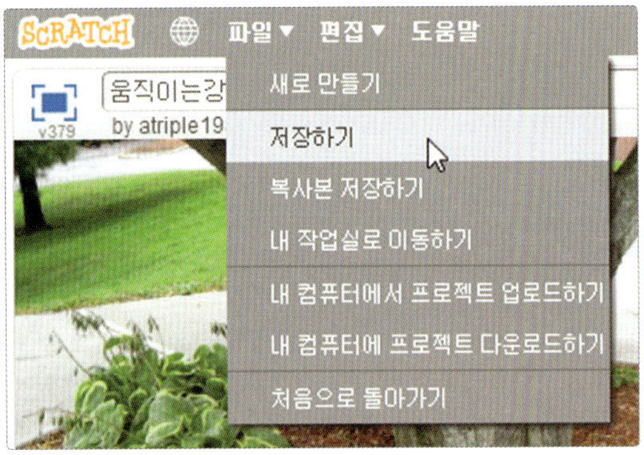

30 [파일] 메뉴의 [저장하기]를 누르면 저장됩니다.

31 오른쪽 위의 [공유하기] 버튼을 누르면 다른 사람들이 이 프로젝트를 이용할 수 있습니다.

실전 3-3

도전해보기

상어 2마리, 물고기 1마리, 게 1마리로 구성된 바닷속 프로젝트를 만들어 봅시다. 라이브러리에서 Shark(상어), Fish1(물고기), Crab(게), underwater2(무대 배경)를 이용하세요.

요점정리

- 반복 구조는 특정 부분을 반복해서 실행합니다.
- 새로운 스프라이트 버튼을 이용해서 새로운 스프라이트를 만듭니다.
- [형태] 카테고리의 [모양을 ' '(으)로 바꾸기], [다음 모양으로 바꾸기] 블록은 스프라이트의 모양을 변경합니다. 이 블록을 이용해서 스프라이트가 움직이는 것처럼 보이게 할 수 있습니다.
- 툴바의 확대, 축소 버튼을 이용해서 스프라이트의 크기를 조절합니다.
- [제어] 카테고리의 [무한 반복하기] 블록은 블록 안쪽에 위치한 블록을 계속해서 반복적으로 실행합니다.

연습문제

1 Cake 스프라이트를 이용해서 1초 간격으로 케이크에 촛불이 켜졌다가 꺼지는 동작을 무한 반복하는 프로젝트를 만들어 봅시다.

2 Breakdancer1 스프라이트를 이용해서 춤을 추는 동작을 반복하는 프로젝트를 만들어 봅시다.

CHAPTER 04 덧셈 뺄셈 공부방

- 두 변수의 값을 교환하는 방법을 이해합니다.
- 덧셈 뺄셈 공부방 프로젝트를 작성할 수 있습니다.

프로젝트 실행하기

덧셈 뺄셈 공부방 프로젝트를 실행해보겠습니다.

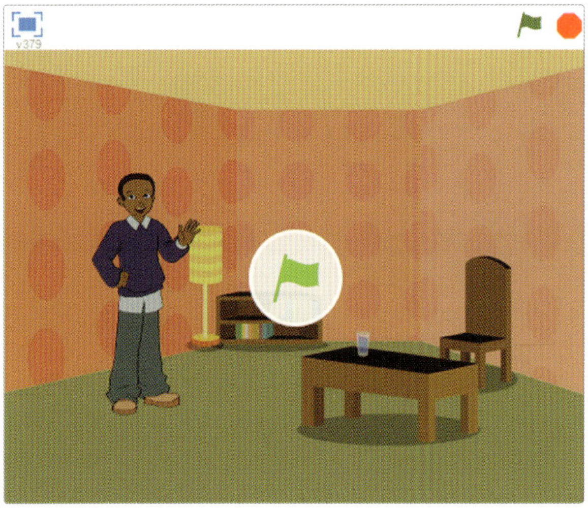

1 https://scratch.mit.edu/projects/11718003/ 페이지에 접속하면 왼쪽과 같이 '덧셈 뺄셈 공부방' 프로젝트가 열립니다.

2 🏁을 누르면 연산 종류를 선택하라는 질문을 받습니다. 덧셈 연산을 하려면 1을, 뺄셈 연산을 하려면 2를 입력합니다.

3 연산 종류를 선택하면 단계를 선택하라는 질문을 받습니다. 1단계는 한 자릿수 연산을 하게 되고, 2단계는 두 자릿수 연산을 하게 됩니다.

4 단계를 선택하면 문항 수를 입력하라는 질문을 받습니다.

5 문항 수를 입력하면 첫 번째 문제가 나옵니다. 문제에 대한 답을 입력합니다.

6 대답이 맞으면 '맞았습니다!'를 말하고, 틀리면 '틀렸습니다!'를 말합니다.

7 입력한 문항 수만큼 문제를 풀면 계속할지 묻습니다. '예'를 입력하면 계속해서 연산 공부를 하게 되고, '아니요'를 입력하면 실행을 종료합니다.

프로젝트가 어떻게 동작하는지 이해할 수 있을 겁니다.

살펴본 프로젝트를 작성하기에 앞서 뺄셈 연산에 필요한 두 변수의 값을 교환하는 방법을 살펴보겠습니다.

두 변수의 값 교환하기

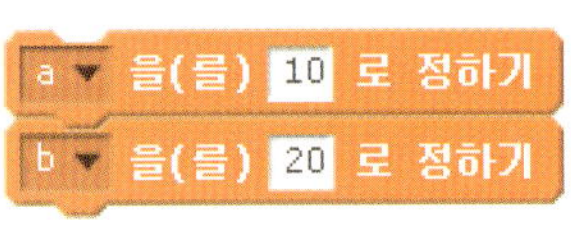

왼쪽과 같이 변수 'a'에 10이, 변수 'b'에 20이 저장되어 있을 때 두 변수의 값을 교환하고자 합니다.

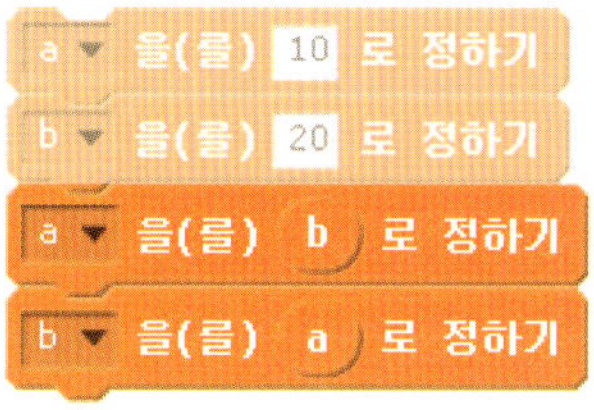

왼쪽 동작을 수행하면 두 변수의 값이 제대로 교환될지 잠시 생각해봅시다.

먼저 [a 을(를) b 로 정하기]를 수행하면 'b'의 값인 20이 'a'에 저장되어 'a'의 값은 20이 됩니다.

이 상태에서 [b 을(를) a 로 정하기]를 수행하면 'a'의 값인 20이 'b'에 저장되어 'b'의 값은 20이 됩니다.

기대한 결과와 다르게 두 변수 모두 값이 같아 제대로 교환되지 않은 것을 알 수 있습니다.

두 변수에 저장된 값을 교환하려면 임시로 값을 저장할 변수가 필요한데, 보통은 이 임시 변수를 'temp'라는 이름으로 만듭니다. 그리고 왼쪽과 같은 동작을 수행하면 'a'와 'b'의 값이 교환됩니다.

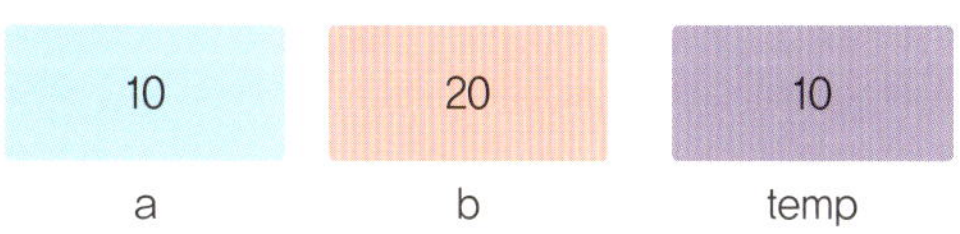

가장 먼저 [temp 을(를) a 로 정하기]를 수행하면 'a'의 값인 10이 'temp'에 저장됩니다.

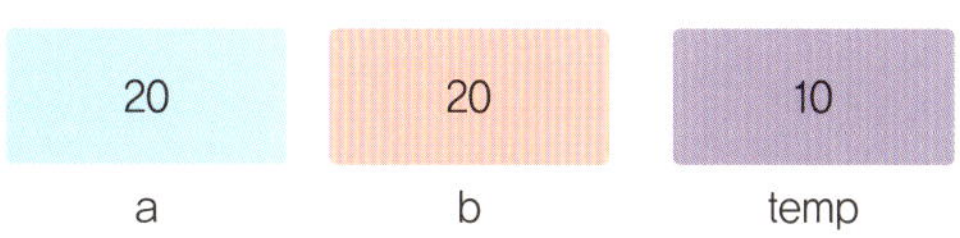

[a 을(를) b 로 정하기]를 수행하면 'b'의 값인 20이 'a'에 저장됩니다.

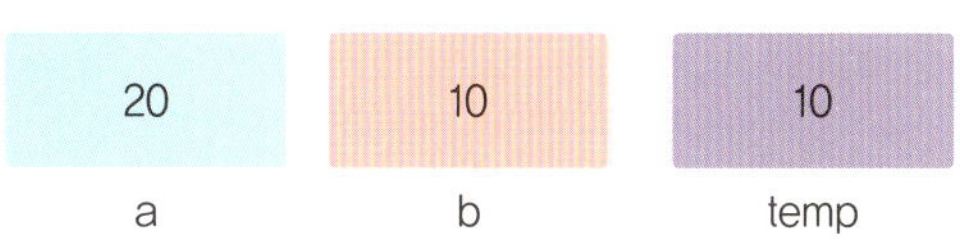

그리고 [b 을(를) temp 정하기]를 수행하면 'temp'의 값인 10이 'b'에 저장됩니다. 결국 'a'와 'b'에 저장된 값이 제대로 교환됩니다.

두 변수의 값 교환하기는 이 장에서 살펴볼 뺄셈 연산에서도 사용되지만 많은 프로그램에서 사용되는 중요한 기초 개념이니 꼭 기억해두기 바랍니다.

실전 4-1

도전해보기

변수 'a'에 10이, 변수 'b'에 20이, 변수 'c'에 30이 저장되어 있을 때, 변수 'a'의 값을 'b' 값으로, 'b' 값을 'c' 값으로, 'c' 값을 'a' 값으로 변경하는 프로젝트를 작성해봅시다.

그러면 덧셈 뺄셈 공부방 프로젝트를 작성해보겠습니다.

프로젝트 작성하기

1 기본 스프라이트를 삭제하고 스프라이트 저장소의 'Boy1'을 이용해서 새로운 스프라이트를 생성합니다.

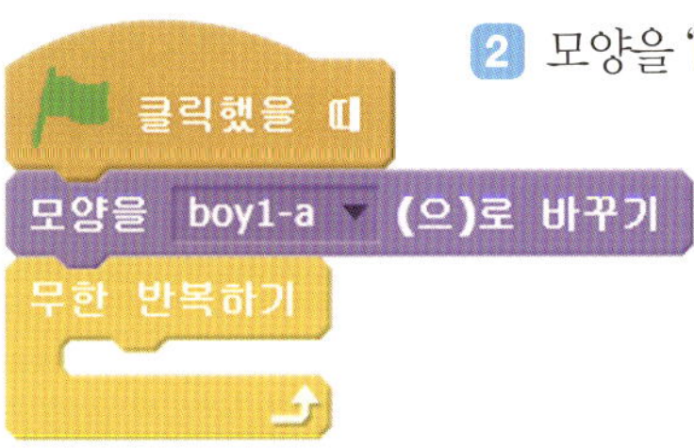

2 모양을 'boy1-a'로 변경하고 연산 공부를 반복할 수 있는 구조를 만듭니다.

3 연산 종류를 입력받아 '연산종류'에 저장하고, 단계를 입력받아 '단계'에 저장하고, 문항 수를 입력받아 '문항수'에 저장하는 스크립트를 작성합니다. 이 스크립트를 작성하기 전에 먼저 '연산종류', '단계', '문항수' 변수를 만들어야 합니다.

4 만약 '연산종류'가 1이면 덧셈을 의미하므로 '덧셈' 메시지를 방송하고 기다리고, 그렇지 않으면 '뺄셈' 메시지를 방송하고 기다리는 스크립트를 작성합니다.

처·음·만·나·는·블·록

이벤트 / message1 방송하고 기다리기

설정한 메시지를 보냅니다. 메시지를 보내고 아래에 연결된 블록을 즉시 실행하는 message1 방송하기 블록과는 달리 message1 방송하고 기다리기 는 메시지를 보내고 해당 메시지를 받으면 실행되도록 설정된 동작이 모두 실행된 후에 아래에 연결된 블록을 실행합니다.

5 덧셈 또는 뺄셈 연산을 마치고 나면 계속할지를 묻고 만약 대답이 '아니요'면 모든 동작을 멈추는 스크립트를 작성합니다. 만약 '예'라고 대답하면 다음 반복을 수행해서 다시 연산 공부를 하게 됩니다.

6 '덧셈' 메시지를 받으면 덧셈 공부를 시작하는데, 우선 '문항수' 만큼 연산을 반복하는 구조를 만듭니다.

7 덧셈에 필요한 두 수를 저장하는 변수인 'a'와 'b'를 생성합니다. 그리고 단계에 따른 설정을 해야 하는데 1단계는 한 자릿수에 대한 덧셈을, 2단계는 두 자릿수에 대한 덧셈을 하고자 합니다. 그러므로 '단계'가 1이면 두 수가 한 자릿수가 되어야 하므로 'a'와 'b'에 1부터 9까지의 난수를 저장합니다.

실전 4-2

8 2단계에서는 두 수가 두 자릿수가 되도록 하려고 합니다. 그렇다면 1 과 2 에 어떤 내용이 들어가야 하는지 생각해보고 채우기 바랍니다.

9 'a+b'가 무엇인지 묻고 'a+b'의 연산 결과를 '정답'에 저장합니다.

처·음·만·나·는·블·록

연산 / 

두 수를 더합니다.

⚠ 여기서잠깐

a 와 a

다음을 실행하면 'a'에 저장된 '2'를 말합니다.

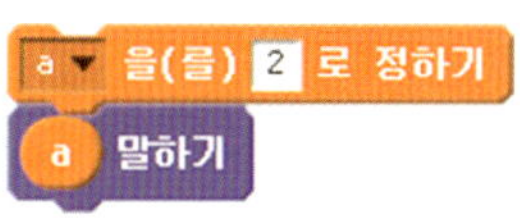

그러나 다음을 실행하면 'a'를 말합니다. a 말하기 에서 a는 문자일뿐 변수 'a'와는 전혀 관계가 없습니다.

그러므로 변수 'a'에 저장된 값을 말하거나 연산에 이용하고자 할 경우에는 반드시 a 처럼 변수 블록을 사용해야 합니다.

10 '대답'과 '정답'이 같으면 모양을 'boy1-c'로 변경하고 '맞았습니다!'를 말하고, 그렇지 않으면 모양을 'boy1-b'로 변경하고 '틀렸습니다!'를 말합니다. 그리고 모양을 'boy1-a'로 변경하면 덧셈 연산을 하는 스크립트가 완성됩니다.

11 뺄셈 연산 스크립트는 덧셈 연산 스크립트와 거의 유사하므로 우선 '덧셈' 메시지를 받았을 때 동작하는 스크립트를 복사합니다. 그리고 '덧셈'을 '뺄셈'으로, '+'를 '-'로 변경하면 뺄셈 스크립트도 완성됩니다.

처음 만나는 블록

연산 / 

앞 수에서 뒤 수를 뺍니다.

12 그런데 완성된 뺄셈 프로젝트를 실행시켜보면 다음과 같이 두 번째 수가 첫 번째 수가 큰 경우가 생깁니다.

실전 4-3

13 뺄셈에서 두 번째 수는 무조건 첫 번째 수보다 작게 만들려고 합니다. 어떻게 해야 할까요? 'b' 값이 'a' 값보다 클 경우 두 수를 교환하면 됩니다. 그렇다면 (3)에 어떤 내용이 들어가야 하는지 생각해보고 채웁시다. 〈두 변수의 값 교환하기〉 내용을 이해했다면 쉽게 해결할 수 있을 겁니다.

14 무대 배경을 'room3'으로 변경하면 프로젝트가 완성됩니다.

실전 4-4

도전해보기

연산이 종료되면 오른쪽 예와 같이 몇 문제 중 몇 문제 맞았는지를 말하도록 수정해봅시다.

요점정리

- 임시 변수 한 개를 이용해서 두 변수의 값을 교환할 수 있습니다.
- 변수, 반복 구조, 조건 구조, 메시지 보내고 받기 등을 이용해서 덧셈 뺄셈 공부방 프로젝트를 만들 수 있습니다.

연습문제

1 사칙연산 공부방 프로젝트를 만들어 봅시다.

2 분수 사칙연산 공부방 프로젝트를 만들어 봅시다.

CHAPTER 05 합 구하기 퀴즈

- 두 수 사이의 모든 수의 합을 구하는 규칙을 이해합니다.
- 두 수 사이의 모든 수의 합을 구하는 프로젝트를 작성할 수 있습니다.

프로젝트 실행하기

임의의 두 수 사이의 모든 수의 합을 구하는 프로젝트를 실행해보겠습니다.

1 https://scratch.mit.edu/projects/13000108/ 페이지에 접속하면 왼쪽과 같이 '합 구하기 퀴즈' 프로젝트가 열립니다.

2 ▶을 누르면 두 정수 사이의 모든 수의 합이 얼마인지 묻습니다.

3 대답한 내용이 맞으면 '맞았습니다!'를 말하고, 틀리면 '틀렸습니다!'를 말합니다.

이 프로젝트에서는 두 수 사이의 모든 수의 합을 구하는 규칙을 아는 것이 중요하므로 먼저 두 수 사이의 모든 수의 합을 구하는 규칙을 살펴보겠습니다.

n1부터 n2까지 합 구하는 과정

n1부터 n2까지 합을 구하는 과정을 살펴보기에 앞서 1부터 3까지 합을 구하는 과정을 살펴보겠습니다.

sum	a
0	1

1 sum은 합을 저장하는 변수로, a는 더할 수를 저장하는 변수로 설정합니다. 처음 sum에는 0을, a에는 더할 첫 번째 수인 1을 저장합니다.

sum	a
1	1

2 sum에 a 값을 더해 sum에 저장합니다. sum은 1이 됩니다.

sum	a
1	2

3 a 값을 1 증가시킵니다. a는 2가 됩니다.

sum	a
3	2

4 sum에 a 값을 더해 sum에 저장하며 sum은 3이 됩니다.

5 a 값을 1 증가시켜 3이 됩니다.

6 sum에 a 값을 더해 sum에 저장하며 sum은 6이 됩니다.

7 a 값을 1 증가시켜 4가 됩니다.

8 a 값이 3보다 크므로 더 이상 sum에 더하지 않습니다. 마지막 sum은 6이므로 1부터 3까지 합은 6입니다.

1부터 n까지 합을 구하는 절차를 단계별로 나타내면 다음과 같습니다.

STEP 01 sum에 0을 저장하고 a에 1을 저장합니다.

STEP 02 a 값이 n 값보다 크면 STEP 05 로 이동합니다.

STEP 03 sum에 a 값을 더해 sum에 저장합니다.

STEP 04 a 값을 1 증가시키고 STEP 02 로 이동합니다.

STEP 05 1부터 n까지 합인 sum 값을 출력합니다.

그리고 1이 아닌 임의의 수 n1부터 n2까지의 합을 구하는 단계는 다음과 같은데, a의 시작 값을 1이 아닌 n1으로 변경하고 n을 n2로 변경하면 됩니다. 단, n1이 n2보다 크지 않다고 가정합니다.

STEP 01 sum에 0을 저장하고 a에 n1 값을 저장합니다.

STEP 02 a 값이 n2 값보다 크면 STEP 05 로 이동합니다.

STEP 03 sum에 a 값을 더해 sum에 저장합니다.

STEP 04 a 값을 1 증가시키고 STEP 02 로 이동합니다.

STEP 05 n1부터 n2까지 합인 sum을 출력합니다.

방금 살펴본 단계에 대한 정확한 이해를 위해 n1이 3이고 n2가 5일 때의 동작 과정을 살펴보겠습니다.

0	3	3	5
sum	a	n1	n2

1 sum에 0을 저장하고 a에 n1 값인 3을 저장합니다.

3	3	3	5
sum	a	n1	n2

2 a가 n2보다 크지 않으므로 STEP 03 에서 sum에 a 값인 3을 더해 sum에 저장합니다.

3	4	3	5
sum	a	n1	n2

3 STEP 04 에서 a의 값을 1 증가시켜 a는 4가 됩니다. 그리고 STEP 02 로 이동합니다.

7	4	3	5
sum	a	n1	n2

4 a가 n2보다 크지 않으므로 STEP 03 에서 sum에 a 값을 더한 7을 sum에 저장합니다.

7	5	3	5
sum	a	n1	n2

5 STEP 04 에서 a의 값을 1 증가시키고 STEP 02 로 이동합니다.

12	5	3	5
sum	a	n1	n2

6 a가 n2보다 크지 않으므로 STEP 03 에서 sum에 a 값을 더한 12를 sum에 저장합니다.

12	6	3	5
sum	a	n1	n2

7 STEP 04 에서 a의 값을 1 증가시키고 STEP 02 로 이동합니다.

8 a가 n2보다 크므로 STEP 02 로 이동하지 않고 STEP 05 로 이동합니다.

12	6	3	5
sum	a	n1	n2

9 3부터 5까지의 합이 저장되어 있는 sum의 값인 12를 출력합니다.

실전 5-1

도전해보기

살펴본 n1부터 n2까지의 합을 구하는 절차를 이용해서 n1이 7이고 n2가 10일 때의 합을 구해봅시다.

n1부터 n2까지 합을 구하는 과정을 살펴보았으므로 프로젝트를 작성해보겠습니다.

프로젝트 작성하기

1 1부터 임의의 수까지 합을 구하는 'sum1' 블록을 정의하겠습니다. 우선 추가 블록 카테고리의 블록 만들기 버튼을 이용해서 매개변수를 n으로 하는 'sum1' 정의하기 블록을 만듭니다.

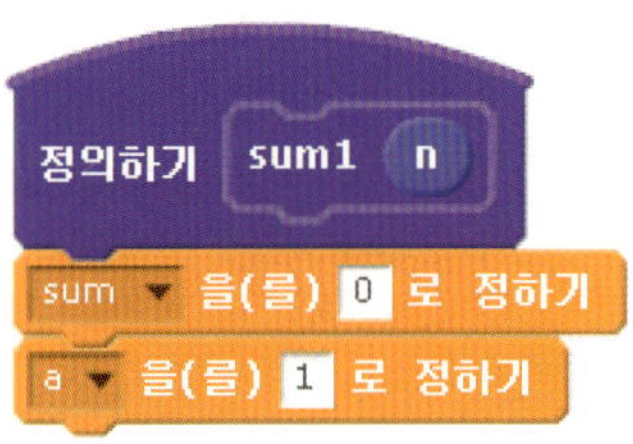

2 더한 합을 저장하는 'sum'과 더할 수를 저장하는 'a'를 만들고 'sum'에 0을, 'a'에 1을 저장합니다.

3 'sum'에 'a' 값을 더해 저장하고, 'a' 값을 1 증가시키는 동작을 반복하는 구조를 만듭니다. 언제까지 반복할지를 나타내는 조건은 바로 다음에 살펴보겠습니다.

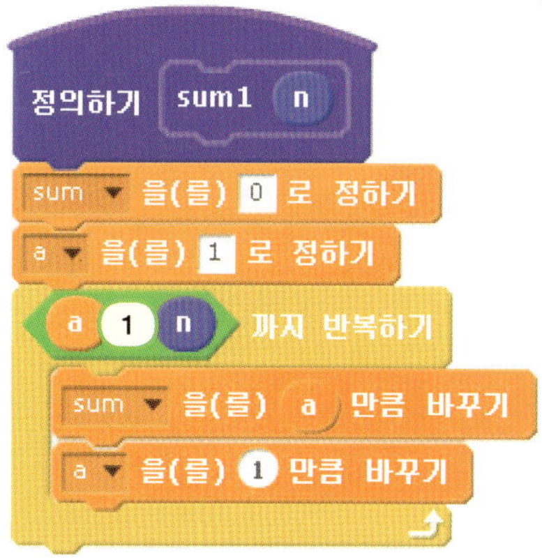

실전 5-2

4 변수 'a'의 값을 1부터 'n'까지 변화시키면서 'sum'에 더해지도록 하려고 합니다. 그렇다면 (1)에 어떤 내용이 들어가야 하는지 생각해보고 채웁시다.

5 1부터 'n'까지의 합을 'sum'에 저장하는 'sum1' 블록을 정의해 보았으니 'n1'부터 'n2'까지의 합을 구하는 'sum2' 블록을 정의해보겠습니다. 우선 왼쪽과 같은 'sum2' 정의하기 블록을 작성합니다.

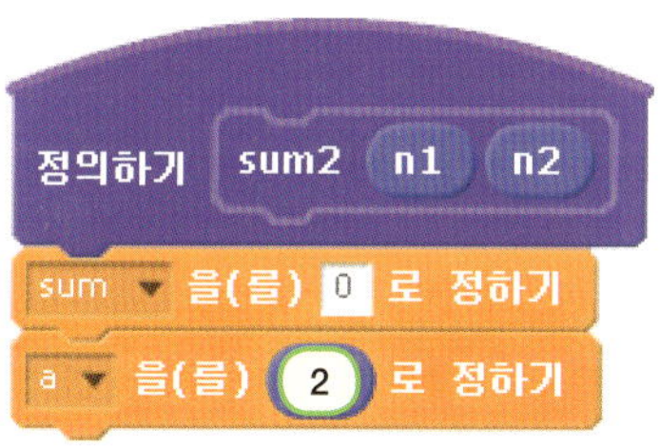

실전 5-3

6 변수 'a'의 값이 'n1'으로 시작해서 'n2'까지 1씩 증가하도록 하려고 합니다. 그렇다면 변수 'a'의 시작 값이 무엇이 되어야 하는지 생각해보고 (2)를 채우기 바랍니다. 〈n1부터 n2까지 합 구하는 과정〉 내용을 이해하면 쉽게 해결할 수 있습니다.

7 'a'가 'n2'보다 클 때까지 'a' 값을 1씩 증가해가면서 'sum'에 더하면 'n1'부터 'n2'까지의 합을 구하는 'sum2' 블록이 완성됩니다. 결국 'sum2' 블록을 실행하면 'n1'부터 'n2'까지의 합이 'sum'에 저장됩니다.

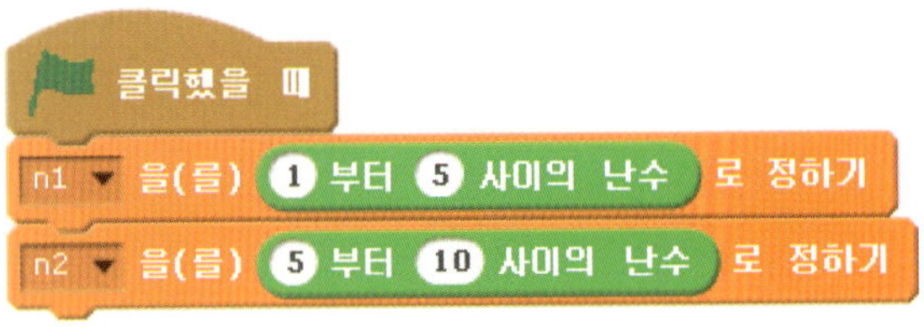

8 그러면 만든 'sum2' 블록을 이용해서 합을 구하는 스크립트를 작성해보겠습니다. 'n1', 'n2' 변수를 만들고 무작위 수를 저장합니다.

9 'n1'부터 'n2'까지의 합을 묻고, 직접 만든 'sum2' 블록을 이용해서 'n1'부터 'n2'까지의 합을 구합니다. 'sum2' 블록에 대한 실행이 끝나면 계산 결과가 'sum'에 저장됩니다.

10 답한 내용과 결과를 저장한 'sum'이 같으면 'meow' 소리를 내면서 '맞았습니다!'를 말하고, 같지 않으면 'cymbal crash' 소리를 내면서 '틀렸습니다!'를 말하도록 합니다.

11 무대 배경을 'room1'로 설정하면 프로젝트가 완성됩니다.

실전 5-4

도전해보기

살펴본 프로젝트는 한 번 묻고 답하면 종료되는데 계속할지 여부를 묻고 '예'를 답하면 또 다른 문제를 제시하고 '아니요'를 입력하면 종료하도록 수정해봅시다.

요점정리

- 반복 구조를 이해하기 위한 대표적인 예인 1부터 n까지의 합과 n1부터 n2까지의 합을 구하는 절차를 이해합니다.
- n1부터 n2까지의 합을 구하는 절차를 이해하고 프로젝트를 만들 수 있습니다.

연습문제

1 n1부터 n2까지의 수 중 짝수의 합을 구하는 프로젝트를 만들어 봅시다.

2 n1부터 n2까지의 합을 구하는 절차를 이해하고 프로젝트를 만들 수 있습니다.

CHAPTER 06 상어 피하는 물고기

- 조건에 따라 실행 내용이 달라지는 조건 구조를 이해합니다.
- 물고기를 움직여 자유롭게 다니는 상어를 피하는 물고기 프로젝트를 작성할 수 있습니다.

프로젝트 실행하기

방향키를 이용해서 상어를 피하는 물고기 프로젝트를 실행해보겠습니다.

1 https://scratch.mit.edu/projects/11850217/ 페이지에 접속하면 왼쪽과 같이 '상어 피하는 물고기' 프로젝트가 열립니다.

2 버튼을 누르면 물방울 소리가 나면서 상어와 게는 자유롭게 움직이고 방향키로는 물고기를 조정합니다.

3 물고기가 상어에 닿으면 물고기가 사라지면서 실행이 종료되므로 상어를 잘 피해야 합니다.

이 프로젝트를 작성하기 위해서는 다음 세 가지 기능이 있어야 합니다.

- 상어가 불규칙적으로 움직이는 기능
- 물고기가 방향키에 의해 움직이는 기능
- 물고기가 상어에 닿으면 사라지는 기능

특히 세 번째 기능을 만들려면 조건 구조를 알아야 하므로 조건 구조에 대해 먼저 살펴보겠습니다.

조건 구조

방금 살펴본 프로젝트는 물고기가 상어에 닿으면 물고기가 사라지고 실행이 종료됩니다. 물론 물고기가 상어에 닿지 않으면 물고기가 사라지거나 실행이 종료되는 일은 발생하지 않습니다.

이처럼 조건이 참(조건을 만족함)인지 거짓(조건을 만족하지 못함)인지에 따라 일정 부분의 실행 여부가 결정되는 구조를 조건 구조라고 합니다.

이 프로젝트에서는 '물고기가 상어에 닿으면'이 조건에 해당되고 '물고기가 사라지고 실행이 종료됨'이라는 부분이 조건이 참인 경우에 처리되어야 합니다.

물고기가 상어에 닿으면	물고기가 사라지고 실행이 종료됨
조건	처리될 부분

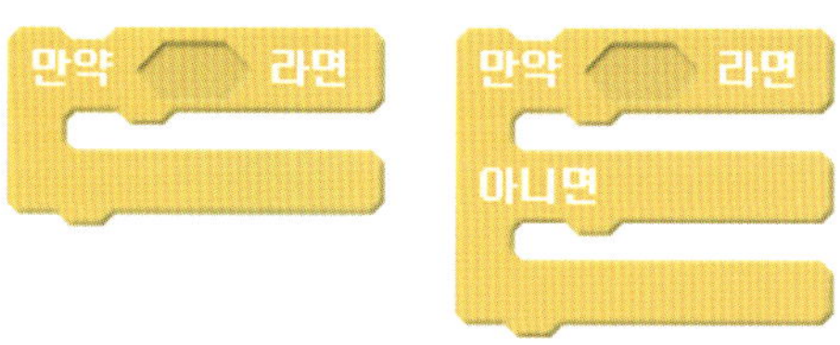

이런 조건 구조를 만들고자 할 때 사용하는 것이 조건 블록인데  카테고리에서 왼쪽과 같은 두 개의 조건 블록을 제공하고 있습니다.

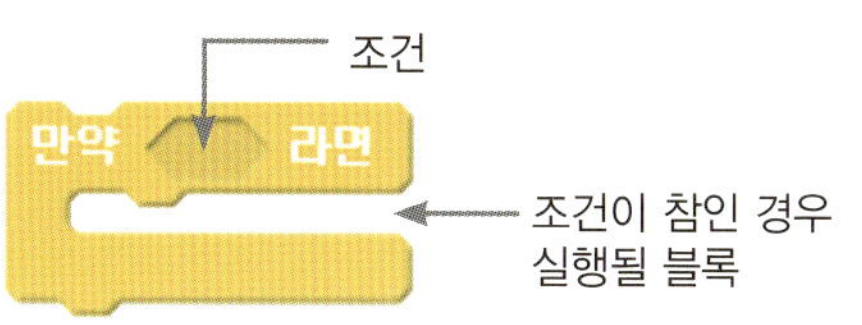

 블록에 대해 살펴보면, 에 조건을 넣어 조건이 참이면  안의 블록이 실행됩니다.

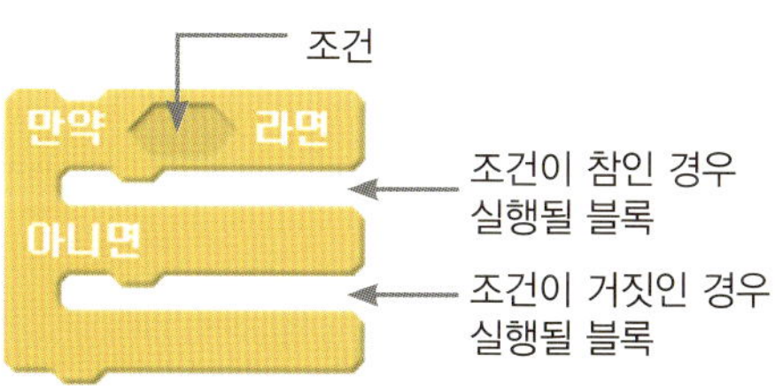

그리고  블록은 조건이 참이면 위쪽 안에 위치한 블록이 실행되고, 조건이 거짓이면 아래쪽 안에 위치한 블록이 실행됩니다.

실전 6-1

도전해보기

물고기가 상어에 닿으면 물고기가 사라지고 실행이 종료되는 조건 구조를 만들려면 두 개의 조건 블록 중 어떤 블록을 사용해야 하는지 생각해봅시다.

조건 블록도 반복 블록과 마찬가지로 프로젝트에서 자주 사용하는 중요한 블록이니 꼭 알고 있어야 합니다. 그러면 본격적으로 프로젝트를 작성하겠습니다.

프로젝트 작성하기

1 고양이 모양의 기본 스프라이트를 삭제하고, 스프라이트 저장소의 'Shark'를 선택한 다음 회전 방식을 '왼쪽에서 오른쪽으로만'으로 설정합니다. 그런 다음 1초 간격으로 다음 모양으로 바꾸고 속도 5로 좌우로 움직이는 스크립트를 작성합니다(기억이 나지 않는다면 CHAPTER 03을 참고해주세요).

2 현재 상태의 상어는 좌우로만 움직이는데 실제 상어는 방향을 변경하면서 움직입니다. 그러므로 주기적으로 방향을 변경하는 기능을 추가하겠습니다. 2초 간격으로 시계 방향으로 25도 회전하도록 하기 위해 동작 카테고리의 25 도 돌기 블록을 이용해서 왼쪽과 같은 스크립트를 추가적으로 작성합니다. 실행시켜 보면 2초 간격으로 방향이 변경되는 것을 확인할 수 있습니다.

처음 만나는 블록

동작 / 25 도 돌기

스프라이트가 시계 방향으로 설정한 각도만큼 회전합니다.

처음 만나는 블록

연산 / (1) 부터 (10) 사이의 난수

설정한 범위 안의 난수를 생성합니다. 만약 설정 값이 1과 10이라면 1부터 10 사이에서 정수 하나를 생성합니다.

3 훨씬 보기 좋지만, 아직 아쉬운 부분이 있습니다. 진짜 상어의 움직임은 이렇게 규칙적이거나 주기적이지 않습니다. 진짜 상어처럼 불규칙적으로 동작하게 하려면 난수(무작위 수)를 사용하면 됩니다. 난수를 생성하는 블록은 [연산] 카테고리의 [(1) 부터 (10) 사이의 난수]인데 난수의 범위를 설정할 수 있습니다. [(1) 부터 (10) 사이의 난수]를 [↻ (25) 도 돌기] 블록의 25가 적힌 곳에 넣습니다. [(1) 부터 (10) 사이의 난수] 블록에서 범위를 −60부터 60으로 수정합니다. 같은 방법으로 기다리는 시간은 2부터 5까지의 범위로 만듭시다. 결국, 2~5초 간격으로 시계 방향으로 −60~60도 만큼 회전하게 됩니다. 실행하면 상어의 움직임이 훨씬 자연스럽게 불규칙적인 것을 확인할 수 있습니다.

> **⚠ 여기서잠깐**
>
> **난수**
>
> 주사위를 던져 나올 수를 정확하게 예측할 수 없습니다. 이처럼 예상할 수 없는 수를 난수라 합니다.

4 스프라이트 저장소의 'Crab'을 선택한 다음 회전 방식을 '왼쪽에서 오른쪽으로만'으로 설정합니다. 게의 움직임은 상어의 움직임을 활용하겠습니다. 왼쪽 두 스크립트를 복사한 후 움직이는 속도를 2로 변경합니다. 실행해봅시다. 게가 1초 간격으로 모양을 바꾸면서 움직이다가 벽에 닿으면 반대 방향으로 전환합니다.

실전 6-2

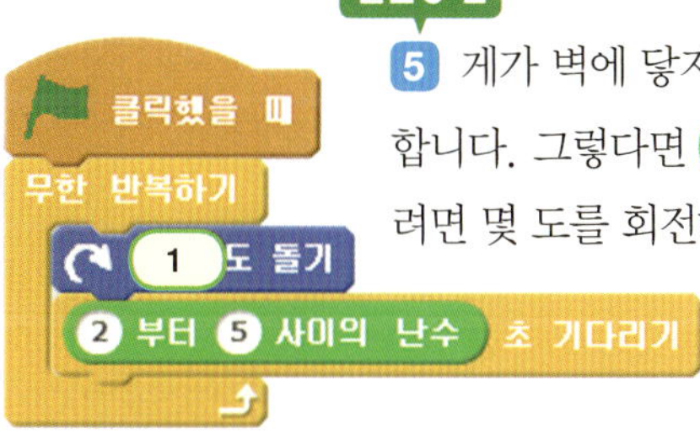

5 게가 벽에 닿지 않더라도 2~5초 간격으로 반대 방향으로 전환하는 스크립트를 작성하고자 합니다. 그렇다면 (1)에 어떤 내용이 들어가야 하는지 생각해봅시다. 반대 방향으로 회전하려면 몇 도를 회전하면 되는지 생각해보면 해결할 수 있습니다.

6 스프라이트 저장소의 'Fish1'을 이용해서 물고기 모양의 스프라이트를 만들어 회전 방식을 '왼쪽에서 오른쪽으로만'으로 설정합니다.

7 물고기 스프라이트는 방향키로 움직이려 합니다. 우선 제어 카테고리의 만약 라면 블록과 관찰 카테고리의 스페이스 키를 눌렀는가? 블록을 이용해서 왼쪽과 같은 스크립트를 작성합니다.

처음 만나는 블록

제어 / 

육각형 모양의 에 위치한 조건이 참이면 블록 안쪽에 위치한 블록을 실행합니다.

관찰 / 

설정한 키가 눌려졌는지를 확인합니다. 눌렸으면 참이 되고, 눌리지 않았으면 거짓이 됩니다.

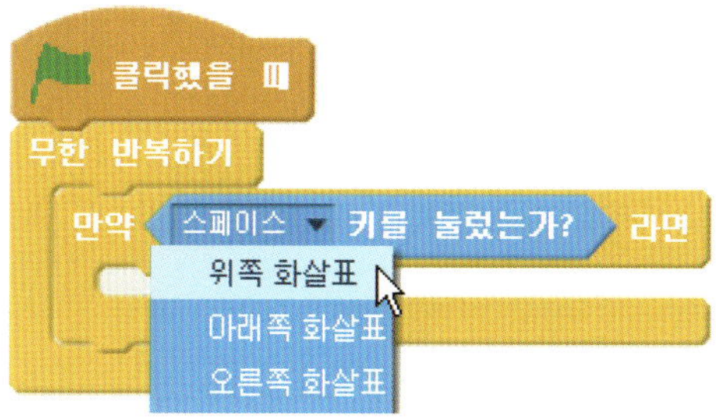

8 위쪽 방향키를 누르면 위쪽으로 10만큼 움직이도록 하기 위해 [스페이스 ▼ 키를 눌렀는가?] 블록의 풀다운 메뉴를 이용해서 '위쪽 화살표'를 선택합니다.

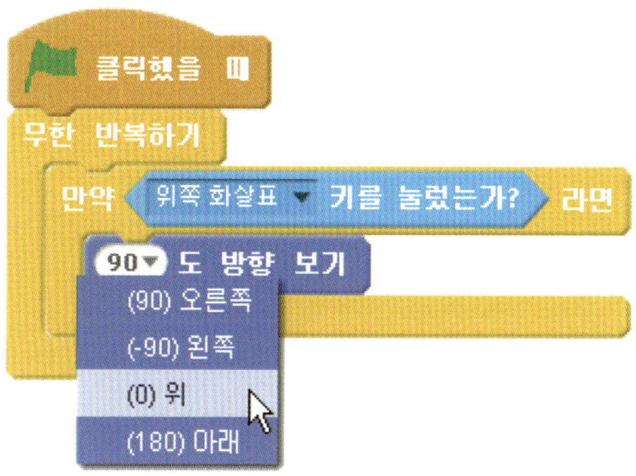

9 위쪽 방향으로 움직이려면 스프라이트가 위쪽 방향을 봐야합니다. 이때 사용하는 블록이 [동작] 카테고리의 [90▼ 도 방향 보기] 블록입니다. [90▼ 도 방향 보기] 블록을 [만약 라면] 블록 안에 넣고, 풀다운 메뉴를 이용해서 '(0) 위'를 선택합니다.

처·음·만·나·는·블·록

[동작] / [90▼ 도 방향 보기]

스프라이트가 설정한 방향으로 향합니다. 0은 위쪽, 90은 오른쪽, 180은 아래쪽, −90은 왼쪽을 의미합니다.

10 이 상태에서 10만큼 움직이도록 하면 위쪽 방향으로 10만큼 움직이게 됩니다.

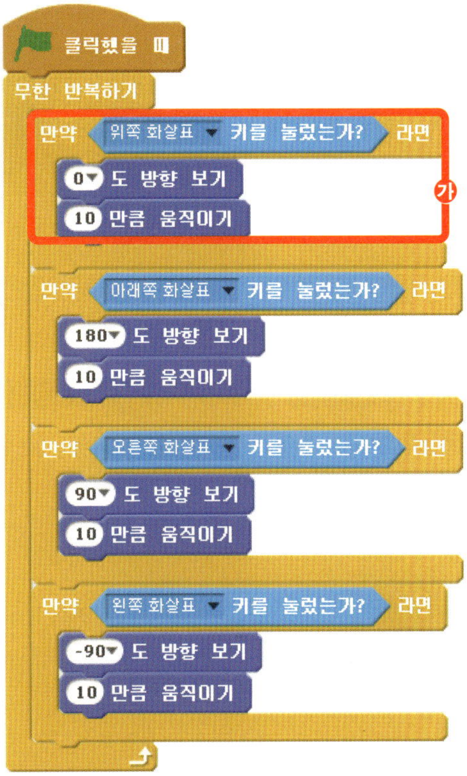

11 ㉮를 세 번 복사해서 아래에 연결시킨 후 왼쪽과 같이 수정하고 실행해봅시다. 방향키를 누르면 물고기가 누른 방향으로 움직이는지 확인해봅시다.

12 이번에는 물고기가 상어에 닿으면 사라지고 실행을 종료하도록 만들어 봅시다. 우선 물고기 스프라이트에 왼쪽과 같은 스크립트를 작성합니다.

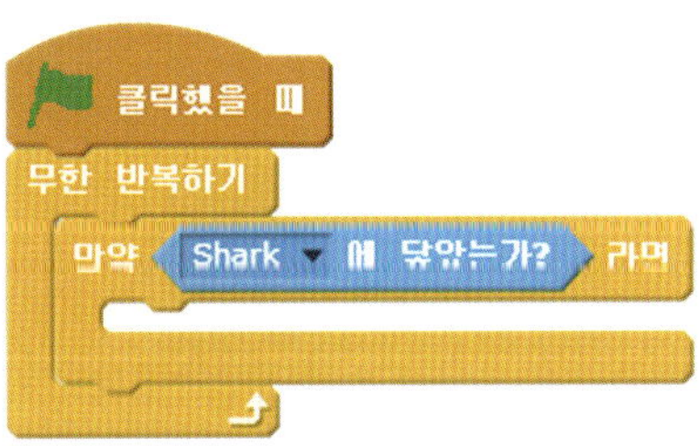

13 관찰 카테고리의 [▾ 에 닿았는가?] 블록을 [만약 라면] 블록의 조건이 들어갈 부분에 넣고 풀다운 메뉴에서 'Shark'를 선택합니다. 그러면 물고기가 상어에 닿았는지를 구별하는 조건 구조가 완성됩니다.

처·음·만·나·는·블·록

관찰 / [▼에 닿았는가?]

스프라이트가 설정한 마우스 포인터, 벽 또는 다른 스프라이트 등에 닿았는지를 확인합니다. 닿았으면 참이 되고, 닿지 않았으면 거짓이 됩니다.

14 이번에는 물고기가 상어에 닿으면 사라지게 해봅시다. 상어가 잡아먹은 듯이 보일 겁니다. [형태] 카테고리의 [숨기기] 블록을 [만약 라면] 안에 넣습니다.

처·음·만·나·는·블·록

형태 / [숨기기]

스프라이트가 무대에서 사라집니다.

15 이제 0.5초 후에 모든 실행이 종료되도록 합니다. 모든 실행을 종료하는 블록은 [제어] 카테고리의 [모두 ▼ 멈추기] 입니다.

처·음·만·나·는·블·록

제어 / [모두 ▼ 멈추기]

설정한 스크립트의 실행을 중지합니다.

16 실행하면 문제없이 동작하는데 실행이 종료된 후에 다시 실행하면 물고기 스프라이트가 나타나지 않습니다. **14**에서 물고기를 숨겼기 때문인데 다시 물고기를 보이게 하려면 형태 카테고리의 보이기 블록을 클릭했을 때 다음에 연결하면 이 문제는 해결됩니다.

처·음·만·나·는·블·록

형태 / 보이기

스프라이트가 무대에 보입니다.

17 그럴 듯하게 보이기 위해 무대 배경을 [배경 저장소]의 'underwater2'로 설정합니다.

18 이번에는 소리를 넣어봅시다. 바다에서 물소리는 들릴 테니 자연스럽게 물소리가 배경에서 나도록 설정하겠습니다. 우선 화면의 왼쪽 아래의 무대를 선택합니다.

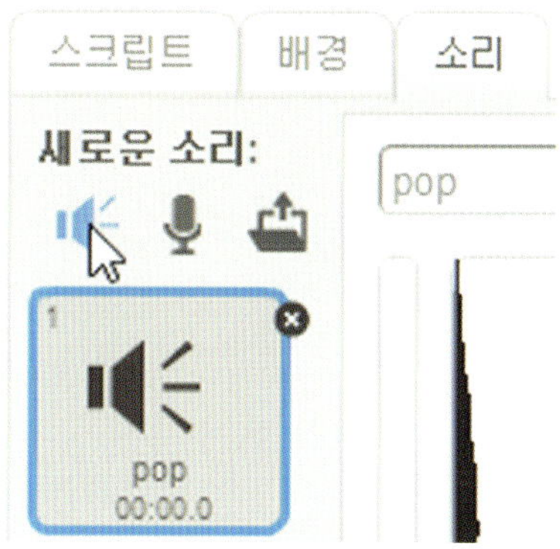

19 [소리] 탭의 새로운 소리에서 첫 번째 버튼인 🔈를 누릅니다.

20 [소리 저장소] 창에서 'bubbles' 소리를 선택해서 가져옵니다.

21 무대의 스크립트 영역에 소리 카테고리의 bubbles 끝까지 소리내기 블록을 이용해서 왼쪽과 같은 스크립트를 작성하면 프로젝트가 완성됩니다. 실행시키면 물방울 소리가 나면서 동작합니다.

처·음·만·나·는·블·록

소리 / bubbles 끝까지 소리내기

설정한 소리 파일을 재생합니다. 재생이 모두 끝난 후에 다음 블록이 실행됩니다.

실전 6-3

도전해보기

살펴본 프로젝트는 물고기가 상어에게 잡아먹히면 종료되는데 종료되지 않고 사라졌다가 0.5초 후에 다시 나타나서 동작하도록 수정해 봅시다.

요점정리

- 조건 구조는 조건에 따라 문장을 선택적으로 실행합니다.
- [동작] 카테고리의 [' '도 돌기] 블록은 설정한 각도만큼 회전합니다.
- [연산] 카테고리의 ['1'부터 '10'사이의 난수] 블록은 설정한 범위 안의 난수를 생성합니다.
- [관찰] 카테고리의 [' '키를 눌렀는가?] 블록은 설정한 키가 눌러졌는지를 확인합니다. 이 블록을 이용해서 키보드를 누를 때 특정 동작을 하게 할 수 있습니다.
- [동작] 카테고리의 [' '도 방향보기] 블록은 설정한 방향으로 향합니다. 이 블록을 이용해서 오른쪽, 왼쪽, 위, 아래 중 특정 방향을 향하게 할 수 있습니다.
- [소리] 카테고리의 [' ' 끝까지 소리내기] 블록은 설정한 소리를 재생합니다.

연습문제

1 앞에서 완성한 프로젝트에 상어 스프라이트 1개를 추가해봅시다.

2 고양이 모양의 Cat2 스프라이트 2개는 자유롭게 움직이고, 쥐 모양의 Mouse1 스프라이트는 방향키로 움직입니다. 쥐 스프라이트가 고양이 스프라이트에 닿으면 쥐는 사라지고 고양이가 고양이 소리를 내고 게임을 종료하는 프로젝트를 만들어 봅시다.

CHAPTER 07

하늘에서 떨어지는 물고기 잡기

- 프로젝트를 실행하는 동안 값을 저장하는 공간인 변수를 이해합니다.
- 스프라이트 간에 상호작용을 하는 기능인 메시지 보내고 받기를 이해합니다.
- 하늘에서 떨어지는 물고기 잡기 게임 프로젝트를 작성할 수 있습니다.

프로젝트 실행하기

방향키로 게를 좌우로 움직여 하늘에서 떨어지는 물고기를 잡는 게임을 해보겠습니다.

1 https://scratch.mit.edu/projects/11911507/ 페이지에 접속하면 왼쪽과 같이 '하늘에서 떨어지는 물고기 잡기' 프로젝트가 열립니다.

2 을 누르면 게가 게임 요령을 알려줍니다.

3 위에서 떨어지는 물고기와 번개의 위치와 속도는 일정하지 않습니다. 그리고 게는 방향키로 오른쪽이나 왼쪽으로 움직입니다.

4 게임 시작할 때 '점수'는 0, '생명'은 5인데, 게가 물고기를 잡으면 점수가 1 올라가고 번개에 맞으면 생명이 1 감소됩니다. 생명이 0이 되면 게임이 종료됩니다.

이 프로젝트를 작성하려면 변수와 메시지 보내고 받기의 개념을 알아야 하므로 프로젝트 작성에 앞서 먼저 살펴보겠습니다.

변수

변수란 프로젝트가 실행되는 동안 값을 저장하는 공간을 말하는데, 대부분의 프로젝트에서 사용되는 중요한 개념입니다.

방금 살펴본 프로젝트에서 게가 물고기를 잡으면 '점수'가 1씩 커지고 번개에 맞으면 '생명'이 1씩 줄어듭니다. 그러다가 '생명'이 0이 되면 실행이 종료됩니다. 여기서 '점수'와 '생명'을 변수라고 합니다.

변수를 사용하려면 먼저 변수를 만들어야 합니다. 데이터 카테고리의 변수 만들기 버튼을 클릭합니다.

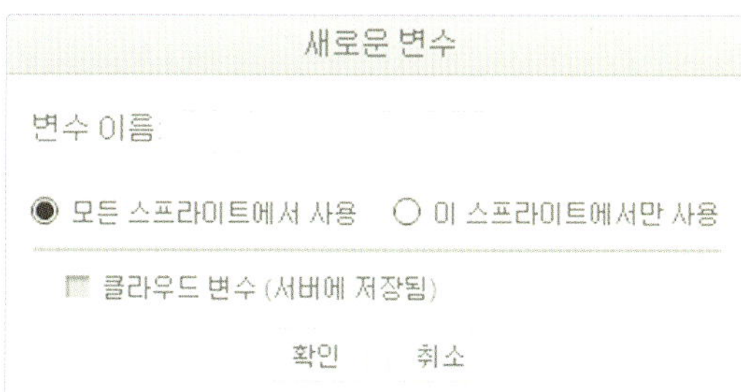

변수 만들기 버튼을 클릭하면 왼쪽과 같은 창이 열리는데 만들고자 하는 변수 이름을 입력합니다. 변수 이름은 사용자 마음대로 정할 수 있습니다.

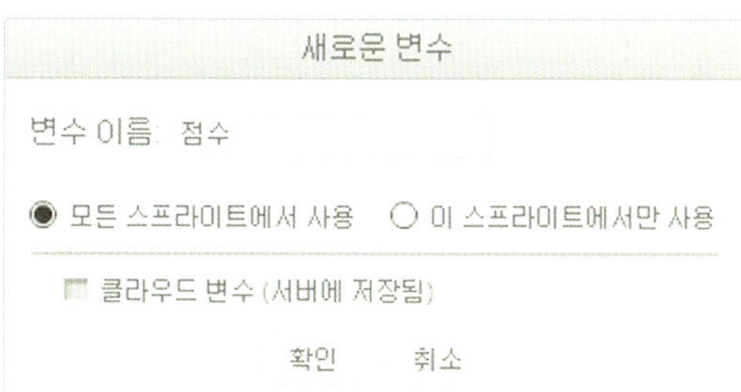

왼쪽과 같이 '점수'를 입력하고 [확인] 버튼을 누르면 '점수'라는 이름의 변수가 만들어집니다.

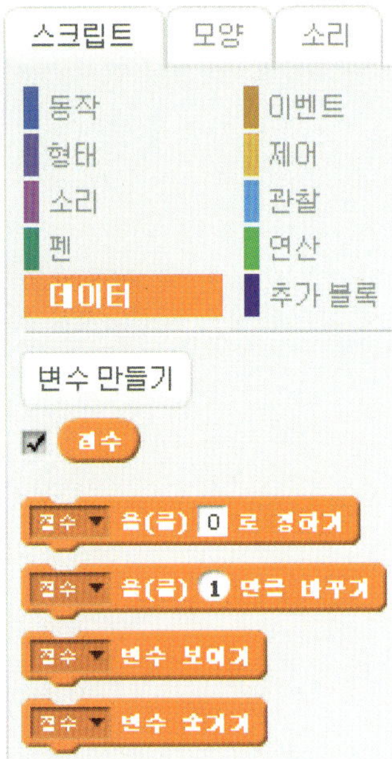

변수를 만들면 데이터 카테고리에 왼쪽과 같이 변수와 관련된 블록이 새롭게 생성됩니다.

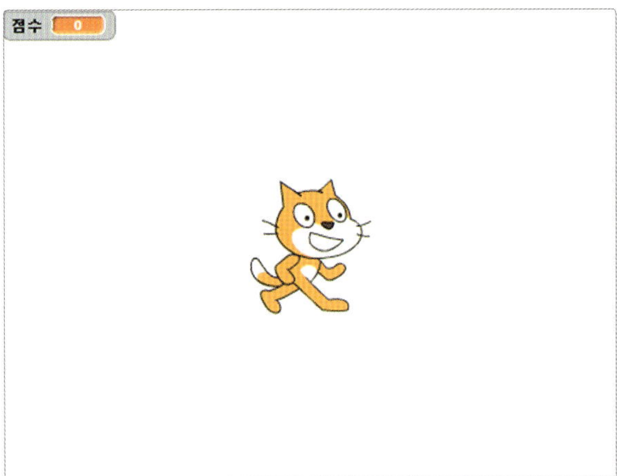

또한 무대의 왼쪽 윗부분에 '점수'가 나타납니다.

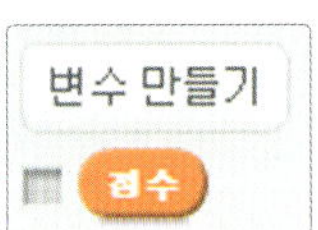

무대에서 '점수'를 사라지게 하려면 데이터 카테고리의 점수 왼쪽에 위치한 체크버튼의 체크를 해제하면 됩니다. 무대에서 사라지기만 할 뿐이지 변수가 삭제되는 것은 아닙니다.

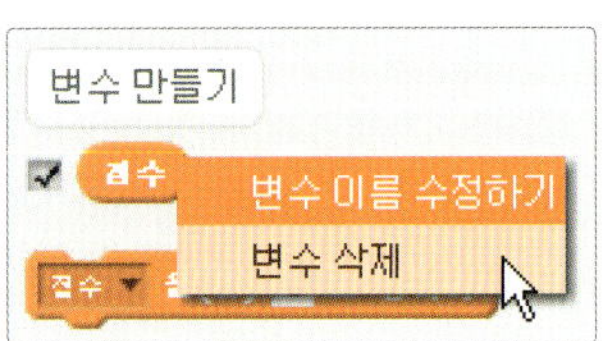

변수 삭제는 데이터 카테고리의 점수를 마우스 오른쪽 버튼을 눌러 '변수 삭제'를 선택하면 됩니다. 그리고 '변수 이름 수정하기'를 선택하면 변수 이름을 변경할 수 있습니다.

변수를 만든 후 새롭게 생성된 블록을 살펴보겠습니다.

[점수 ▾ 을(를) 80 로 정하기]

[점수 ▾ 을(를) 0 로 정하기]는 값을 변수에 저장하는 블록으로, 왼쪽은 80을 '점수'에 저장하게 됩니다.

[점수 ▾ 을(를) 10 만큼 바꾸기]

[점수 ▾ 을(를) 1 만큼 바꾸기]는 변수의 현재 값을 설정한 값만큼 변경하는 블록으로, 현재 '점수' 값이 80인 상태에서 왼쪽을 실행하면 '점수' 값이 90으로 바뀌게 됩니다.

그리고 [점수 ▾ 변수 보이기]와 [점수 ▾ 변수 숨기기]는 무대에 변수를 보일지 숨길지를 지정하는 블록입니다.

실전 7-1

도전해보기

오른쪽 스크립트를 실행시키면 어떤 값을 말하는지 예상해보고 실행해봅시다.

```
점수 ▾ 을(를) 80 로 정하기
점수 ▾ 을(를) 10 만큼 바꾸기
점수 ▾ 을(를) -20 만큼 바꾸기
점수 말하기
```

메시지 보내고 받기

주인이 '강아지이리와'라고 말하면 강아지가 주인에게 가도록 하고 싶습니다. 메시지 블록을 사용하면 이 동작을 완성할 수 있습니다. 주인 스프라이트가 강아지 스프라이트에 메시지를 보내는 방식입니다. [이벤트] 카테고리에 메시지와 관련있는 블록이 3가지 있습니다.

[message1 ▾ 방송하기]와 [message1 ▾ 방송하고 기다리기]는 메시지를 보내는 블록이고, [message1 ▾ 을(를) 받았을 때]는 설정된 메시지를 받으면 연결된 블록이 실행되도록 하는 블록입니다.

메시지를 이용해서 강아지가 주인에게 오도록 하는 프로젝트를 만들면서 메시지 블록에 대해 이해해보도록 하겠습니다.

1 'Girl1'을 이용해서 주인 스프라이트를 만들고, 'Dog1'을 이용해서 강아지 스프라이트를 만듭니다.

2 이벤트 카테고리의 message1 방송하기 를 주인 스프라이트의 스크립트 영역에 놓고 풀다운 메뉴에서 '새 메시지...'를 선택합니다.

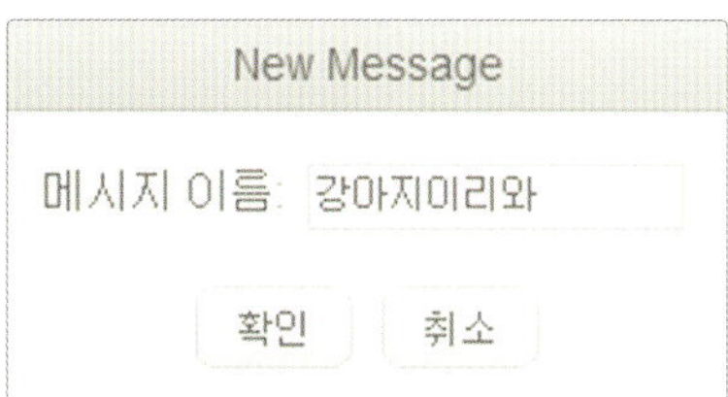

3 [New Message] 창에서 '강아지이리와'라는 내용을 입력하고 [확인] 버튼을 누릅니다.

4 을 누르면 '강아지이리와' 메시지가 방송됩니다.

5 강아지이리와 을(를) 받았을 때 를 강아지 스프라이트의 스크립트 영역에 끌어다 놓습니다.

6 '강아지이리와' 메시지를 받으면 실행되어야 할 내용인 'Girl1'쪽을 보고 'Girl1'에 도착할 때까지 움직이는 스크립트를 [강아지이리와 을(를) 받았을 때] 아래에 작성합니다.

7 을 누르면 주인으로부터 '강아지이리와' 메시지를 받은 강아지가 주인에게 가는 것을 확인할 수 있습니다.

[message1 방송하기] 와 [message1 방송하고 기다리기] 의 차이점은 [message1 방송하기] 는 메시지를 보내고 아래에 연결된 블록을 즉시 실행하는 반면 [message1 방송하고 기다리기] 는 메시지를 보내고 해당 메시지를 받으면 실행되도록 설정된 동작이 모두 실행된 후에 아래에 연결된 블록을 실행하는 차이가 있습니다.

실전 7-2

도전해보기

주인이 '날아라'라는 메시지를 보내면 앵무새가 자유롭게 날기 시작하는 프로젝트를 만들어 봅시다.

변수와 메시지 개념에 대해 살펴보았으니 프로젝트를 작성하겠습니다.

프로젝트 작성하기

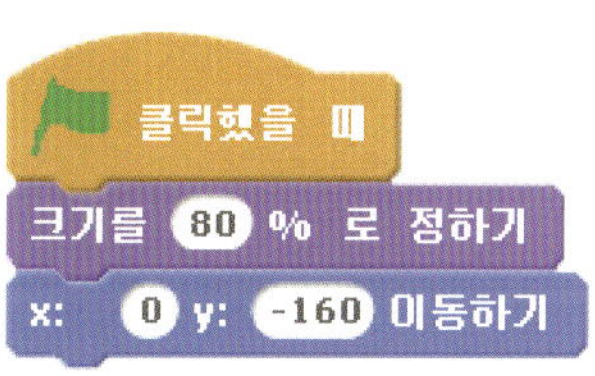

1 기본 스프라이트를 삭제하고, 스프라이트 저장소의 'Crab'을 이용해서 게 모양의 스프라이트를 만든 후 회전 방식을 '왼쪽에서 오른쪽으로만'으로 설정합니다. 그런 다음 크기를 80%로 설정하고 (0, −160) 좌표 위치로 이동하도록 합니다.

처·음·만·나·는·블·록

형태 / 

스프라이트의 크기를 설정한 비율로 변경합니다.

동작 / 

스프라이트가 설정한 (x, y) 좌표 위치로 이동합니다.

⚠ 여기서잠깐

x, y 좌표

무대는 폭이 480이고 높이가 360으로 다음 그림과 같이 x축과 y축으로 이루어진 좌표로 구성되어 있습니다. 무대의 x축은 −240부터 240까지의 좌푯값을 갖고 있으며, y축은 −180부터 180까지의 좌푯값을 갖고 있으며 무대 중앙의 좌표 위치는 (0, 0)입니다.

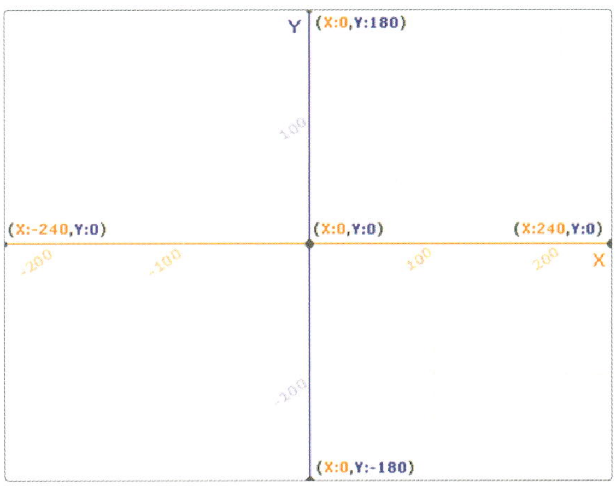

스크립트 영역의 오른쪽 위에 있는 좌푯값은 스프라이트가 위치한 (x, y) 좌표를 의미하는 것으로, 다음은 앵무새 스프라이트가 (80, 51) 좌표 위치에 있음을 나타내는 것입니다.

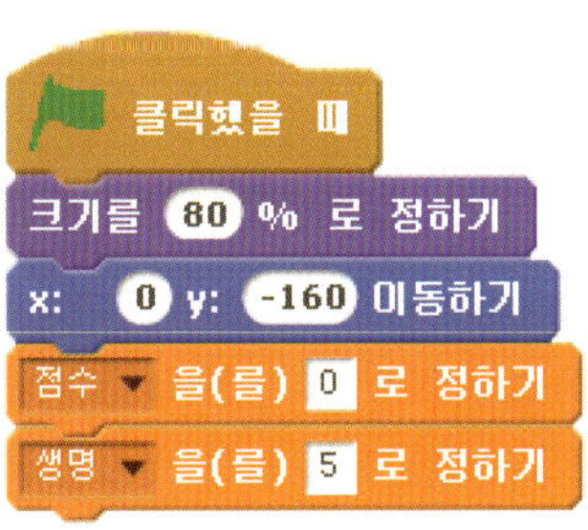

2 '점수'와 '생명' 변수를 만든 후 '점수'에 0을 저장하고 '생명'에 5를 저장합니다.

처·음·만·나·는·블·록

데이터 / 

설정한 값을 변수에 저장합니다.

3 이벤트 카테고리의 message1 방송하기 블록을 이용해서 '게임시작' 메시지를 방송합니다. 〈메시지 보내고 받기〉에서 학습한 내용입니다.

처·음·만·나·는·블·록

이벤트 / 

설정한 메시지를 보냅니다. 메시지를 보내고 다음 블록이 즉시 실행됩니다.

4 1초 간격으로 다음 모양으로 바뀌게 합니다.

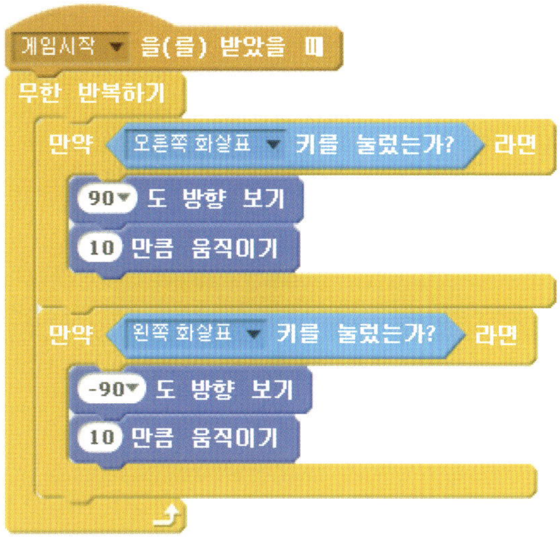

5 '게임시작' 메시지를 받으면 게임이 본격적으로 시작됩니다. '게임시작' 메시지를 받은 후에 오른쪽 방향키를 누르면 게가 오른쪽 방향으로 움직이고 왼쪽 방향키를 누르면 왼쪽 방향으로 움직이도록 합니다.

처·음·만·나·는·블·록

이벤트 / 

설정한 메시지를 받으면 아래에 연결된 블록이 실행됩니다.

6 'Fish1'을 이용해서 물고기 모양의 스프라이트를 만든 후 회전 방식을 '왼쪽에서 오른쪽으로만'으로 설정합니다. 그런 다음 크기를 40%로 설정하고 사라지게 합니다.

7 '게임시작' 메시지를 받아 게임이 시작되면 물고기가 위에서 아래로 떨어져야 하므로 아래 방향으로 향하게 합니다.

8 물고기를 무대 위쪽으로 이동시킵니다. 이때 이동시킬 위치의 x좌표와 y좌표를 모두 고정시키면 항상 위치가 같으므로 x좌표는 난수를 써서 −220에서 220 사이에서 정수 하나가 무작위로 설정되도록 합니다. 이제 물고기가 떨어지는 위치가 항상 바뀝니다.

9 물고기를 보이게 하고, '물고기1속도' 변수를 만든 후 4부터 9까지의 무작위 수를 저장합니다. 물고기가 떨어지는 속도를 임의로 바꾸기 위해 '물고기1속도'에 무작위 수를 저장했습니다.

실전 7-3

10 물고기가 게에 닿거나 벽에 닿을 때까지 반복하는 구조를 만들고자 합니다. 그렇다면 (1)에 '또는'과 '그리고' 중 어떤 내용이 들어가야 하는지 채우기 바랍니다. 〈 그리고 〉 블록과 〈 또는 〉 블록에 대한 설명을 살펴보면 어렵지 않게 해결할 수 있을 겁니다.

처·음·만·나·는·블·록

연산 / 〈 그리고 〉

두 조건 모두 참이면 결과는 참이 되고, 그렇지 않으면 결과는 거짓이 됩니다.

연산 / 〈 또는 〉

두 조건 중 하나라도 참이면 결과는 참이 되고, 두 조건 모두 거짓이면 결과는 거짓이 됩니다.

11 게 또는 벽에 닿을 때까지 '물고기1속도'로 움직이게 합니다.

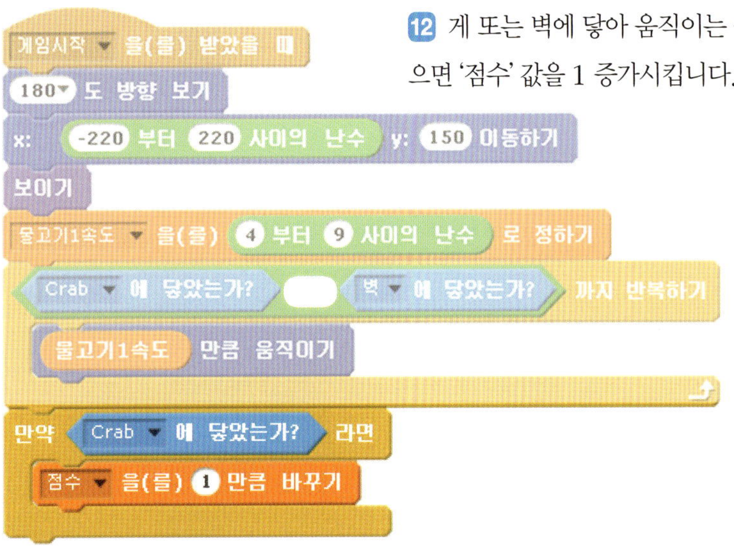

12 게 또는 벽에 닿아 움직이는 동작을 종료한 후에 만약 물고기가 게에 닿았으면 '점수' 값을 1 증가시킵니다.

처·음·만·나·는·블·록

데이터 / 

변수의 현재 값을 설정한 값만큼 변경합니다. 만약 var의 현재 값이 3인 상태에서 다음 블록을 실행하면 var의 값은 8이 됩니다.

13 물고기를 사라지게 하고 1~2초 후에 위에서 다시 떨어지게 합니다. 이런 동작이 계속해서 반복되도록 합니다.

14 이번에는 번개를 만들 차례입니다. 'Lightning'을 이용해서 번개 모양의 스프라이트를 만든 후 회전 방식을 '왼쪽에서 오른쪽으로만'으로 설정합니다. 그리고 크기를 50%로 설정하고 사라지게 합니다.

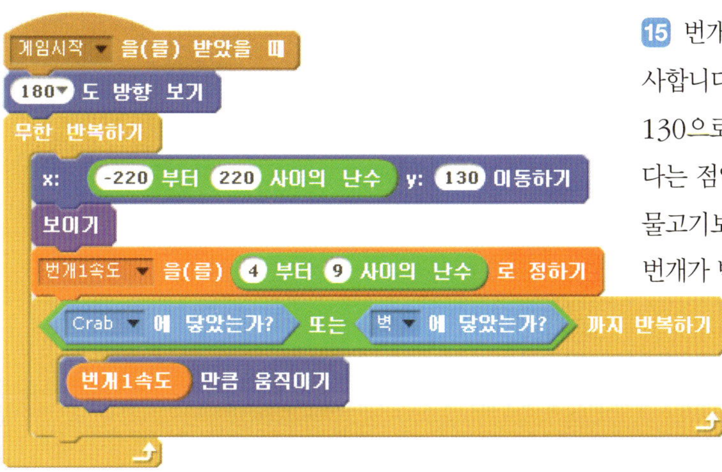

15 번개 스프라이트는 물고기 스프라이트와 거의 유사합니다. 다른 점은 이동할 y좌푯값을 150이 아닌 130으로 하고 '물고기1속도'가 아닌 '번개1속도'로 한다는 점입니다. y좌푯값이 130인 이유는 번개 크기가 물고기보다 커서 y좌푯값을 150으로 하면 시작부터 번개가 벽에 닿아 아래로 떨어지지 않기 때문입니다.

16 번개가 게에 닿으면 '생명' 변숫값을 1 감소시킵니다. [생명 을(를) 1 만큼 바꾸기] 블록의 설정값을 −1로 하면 '생명' 값이 1 감소됩니다.

실전7-4

17 '생명'이 0이 되면 실행을 종료시키려고 합니다. (2)에 어떤 내용이 들어가야 하는지 생각해보고 채우기 바랍니다.

처음 만나는 블록

연산 / 

왼쪽에 위치한 값이 오른쪽에 위치한 값보다 작은지를 확인합니다. 왼쪽에 위치한 값이 오른쪽에 위치한 값보다 작으면 참이 되고, 그렇지 않으면 거짓이 됩니다.

18 물고기가 사라지게 하고 1~2초 기다리게 합니다.

19 복사 기능을 이용해서 물고기 스프라이트를 2개 더 생성하고 번개 스프라이트를 3개 더 생성합니다. 그리고 '물고기2속도', '물고기3속도', '번개2속도', '번개3속도', '번개4속도' 변수를 만든 다음 각 스프라이트에 적합한 속도 변수로 스크립트를 수정합니다.

20 게임을 시작하기 전에 게임 방법을 설명하려 합니다. 게 스프라이트의 크기 설정 다음에 게임 설명을 말하는 내용을 추가합시다.

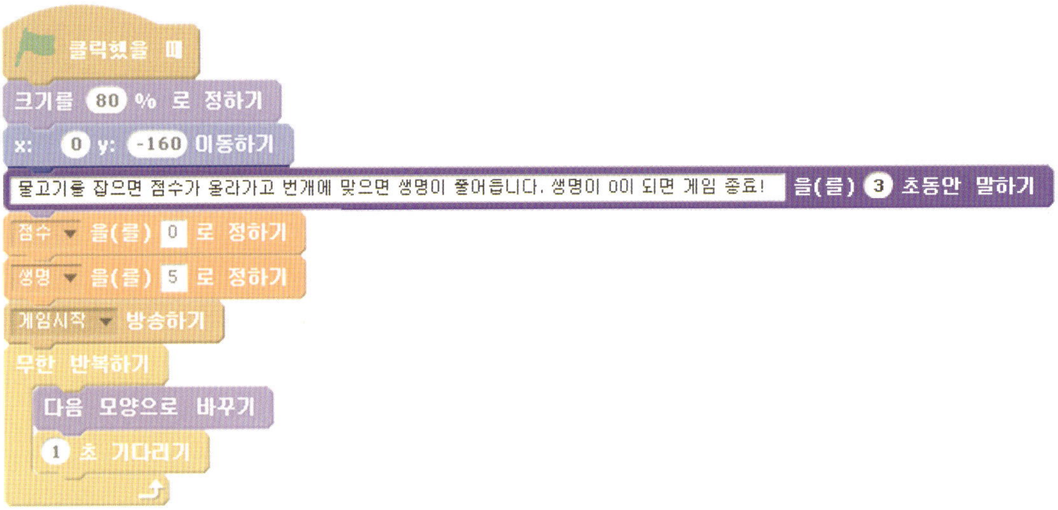

처·음·만·나·는·블·록

형태 / 

입력한 내용이 설정한 시간 동안 말풍선으로 나타납니다.

21 무대 배경을 'beach malibu'로 설정하면 프로젝트가 완성됩니다.

실전 7-5

도전해보기

게임을 시작할 때는 모든 물고기와 번개 속도를 7로 하고, 게가 물고기를 잡으면 모든 물고기와 번개 속도가 1 감소하고, 번개에 맞으면 속도가 1 증가하도록 수정해봅시다.

요점정리

- 변수는 프로젝트가 실행되는 동안 값을 저장하는 공간입니다.
- 메시지 보내고 받기는 스크립트간의 동기화시키기 위한 수단입니다.
- [데이터] 카테고리의 ['변수'을(를) ' '로 정하기] 블록은 변수에 값을 저장하고, ['변수'을(를) ' '만큼 바꾸기] 블록은 변숫값을 설정한 값만큼 변경합니다.
- [이벤트] 카테고리의 [' ' 방송하기] 블록은 메시지를 보내고, [' '을(를) 받았을 때] 블록은 설정한 메시지를 받으면 실행됩니다. 이 블록들을 이용해서 스크립트들을 동기화시킬 수 있습니다.
- [연산] 카테고리의 [' '〈' '] 블록은 왼쪽 값이 오른쪽 값보다 작은지를 확인합니다.

연습문제

1 '나이' 변수에 1부터 100까지의 임의의 수를 저장한 후, '나이' 변숫값이 19이상이면 "성년입니다"를 말하고, '나이' 변숫값이 19미만이면 "미성년입니다"를 말하는 프로젝트를 만들어 봅시다.

2 박쥐와 앵무새가 비행 시합을 하는 프로젝트를 만들어 봅시다. 시작 버튼을 누르면 화면 왼쪽에서 출발하여 오른쪽 벽에 닿으면 시합이 종료되는데, 종료되면 사회자가 누가 승리했는지를 말합니다. 속도는 랜덤으로 정해집니다.

CHAPTER 08

동물 영어 이름 맞추기 퀴즈

- 여러 개의 데이터를 저장하는 리스트에 대해 이해합니다.
- 동물 영어 이름 맞추기 퀴즈 프로젝트를 작성할 수 있습니다.

프로젝트 실행하기

동물 영어 이름 맞추기 퀴즈 프로젝트를 실행해보겠습니다.

1 https://scratch.mit.edu/projects/12781552/ 페이지에 접속하면 왼쪽과 같이 '동물 영어 이름 맞추기 퀴즈' 프로젝트가 열립니다.

2 깃발을 누르면 몇 문제를 풀어볼지 묻습니다.

3 문제 수를 입력하면 퀴즈를 시작한다고 말합니다.

4 동물이 나와서 영어 단어를 묻는데 동물이 나오는 순서는 일정하지 않습니다.

5 답한 내용이 맞으면 '맞았습니다!'를 말하고, 틀렸으면 '틀렸습니다!'를 말합니다.

6 입력한 문항 수만큼 문제를 풀면 맞은 문항 수를 출력하고 게임을 종료합니다.

이 프로젝트에서는 리스트를 이용해서 동물 이름을 관리합니다. 그러므로 리스트에 대해 먼저 알아보고 프로젝트를 작성하겠습니다.

리스트

학생이 100명인 학교에서 학생 이름과 성적을 컴퓨터 프로그램으로 관리한다면 학생 이름을 저장할 변수 100개와 성적을 저장할 변수 100개가 필요할 겁니다. 만약 이름, 성적 정보만이 아니라 생년월일, 주소, 연락처, 학년, 학과, 학번 등의 정보까지 관리한다면 훨씬 더 많은 변수가 필요할 겁니다.

그런데 이렇게 많은 변수를 사용하면 복잡해지므로 스크래치에서는 일반적으로 리스트를 이용합니다. 리스트는 여러 개의 데이터를 한 곳에 저장하는 공간이라고 생각하면 됩니다. 물론 변수에도 이름이 있듯이 리스트에도 이름이 있어야 합니다.

변수를 사용해서 100개의 이름을 저장하려면 100개의 변수를 만들어야 하지만, 리스트를 사용하면 한 개의 리스트를 만들어서 100개의 이름을 모두 저장할 수 있습니다.

리스트를 이용해서 4명의 학생에 대한 이름과 성적을 관리하는 프로젝트를 만들면서 리스트 사용 방법에 대해 살펴보도록 하겠습니다.

우선 이름과 성적을 저장할 리스트를 만들어야 하는데, 데이터 카테고리의 리스트 만들기 버튼을 누릅니다.

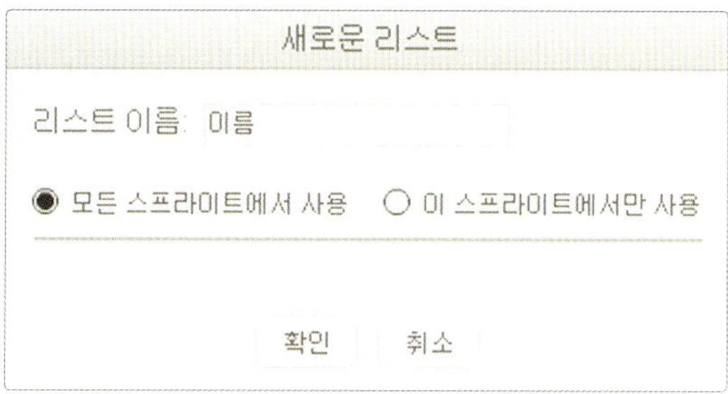

[새로운 리스트] 창이 열리면 만들고자 하는 리스트 이름인 '이름'을 입력하고 [확인] 버튼을 누릅니다. 마찬가지 방법으로 '성적' 리스트를 만듭니다.

그러면 데이터 카테고리에 왼쪽과 같은 블록이 새롭게 만들어집니다.

리스트에 데이터를 추가하는 블록인 thing 항목을 이름 에 추가하기 를 이용해서 '이름' 리스트에 철수, 영희, 길동, 순이를 저장합니다. 리스트에 저장된 데이터를 '항목'이라고 합니다.

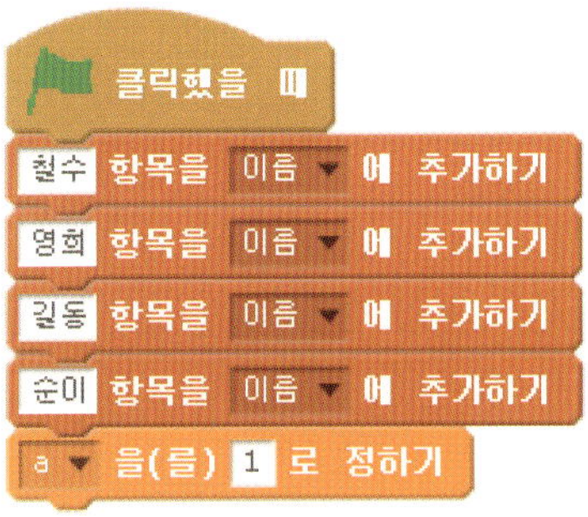

각 학생에 대한 성적은 스프라이트를 통해 직접 입력받도록 하겠습니다. 그러기 위해 변수 'a'를 만들고 'a'에 1을 저장합니다.

list 리스트의 항목 수 블록은 리스트에 저장된 항목의 개수를 의미합니다. 그러므로 왼쪽 반복 구조는 이름 리스트의 항목 수 만큼, 즉 4번 반복하게 됩니다.

1 번째 list 항목 은 리스트에서 선택한 위치의 항목을 의미하므로 a 번째 이름 항목 은 '이름' 리스트의 'a'번째 항목을 의미합니다. 만약 'a'가 1이면 '이름' 리스트의 첫 번째 항목인 철수가 되며 철수에 대한 성적을 묻고 기다립니다. hello world 결합하기 는 두 개의 문자열을 결합하는 블록입니다.

대답한 성적을 '성적' 리스트에 저장합니다.

다음 학생에 대한 성적을 입력받기 위해 'a'의 값을 1 증가시켜 다음 반복을 실행하도록 합니다. 반복 구조에 대한 실행이 끝나면 모든 학생들에 대한 성적이 '성적' 리스트에 저장됩니다.

출력할 내용을 저장할 '결과' 리스트에 각 학생에 대한 이름과 성적을 저장하겠습니다. 먼저 '결과' 리스트를 만들고 왼쪽과 같은 반복 구조를 만듭니다.

다음 스크립트를 실행하면 ''이름'의 첫 번째 항목:'성적'의 첫 번째 항목'을 '결과' 리스트에 저장하고, ''이름'의 두 번째 항목:'성적'의 두 번째 항목'을, … '결과' 리스트에 저장하게 되어 결국 '철수:70 영희:80 …'과 같은 형식으로 '결과' 리스트에 저장됩니다.

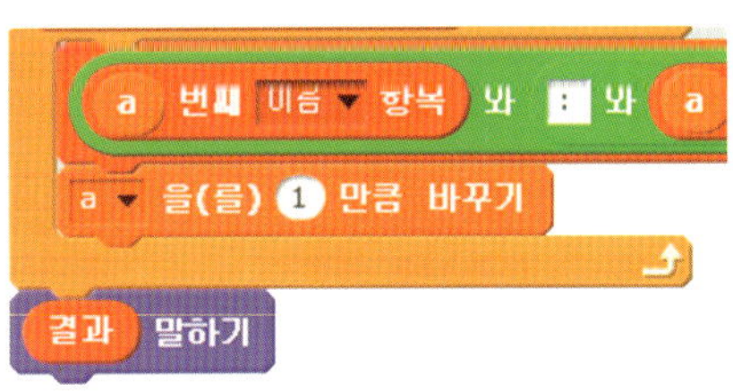

'결과' 리스트를 출력합니다.

실행하면 처음에는 문제가 없는데 다시 실행했을 때 같은 학생에 대한 성적을 또 입력해야 하는 문제가 발생합니다. 이유는 프로젝트 실행이 종료될 때 리스트에 저장된 항목이 자동적으로 지워지지 않기 때문입니다. 그러므로 리스트에 저장된 항목을 삭제하는  블록을 이용해서 리스트에 저장된 모든 내용을 삭제해야 합니다. 풀다운 메뉴를 눌러 '모두'를 선택합니다.

리스트에 대해 간단하게나마 살펴보았습니다. 고급 수준의 프로젝트를 작성하려면 리스트를 이용해야 하니 리스트 사용 방법에 대해 잘 기억하기 바랍니다. 그러면 리스트를 이용해서 동물 영어 이름 맞추는 게임 프로젝트를 작성해보겠습니다.

프로젝트 작성하기

1 고양이 모양의 기본 스프라이트의 이름을 '동물'로 변경합니다. 그리고 [모양] 탭으로 이동해서 'costume2'를 삭제하고, 'costume1'을 'cat'으로 변경합니다.

2 '저장소에서 모양 선택' 버튼을 누르면 새로운 모양을 가져올 수 있는데, 'bat1-a', 'dog1-a', 'elephant-a', 'horse1-a', 'lion-a', 'monkey1-a'를 가져옵니다. 그리고 각각의 이름을 'bat', 'dog', 'elephant', 'horse', 'lion', 'monkey'로 변경합니다.

3 버튼을 누르면 화면에서 사라지도록 합니다.

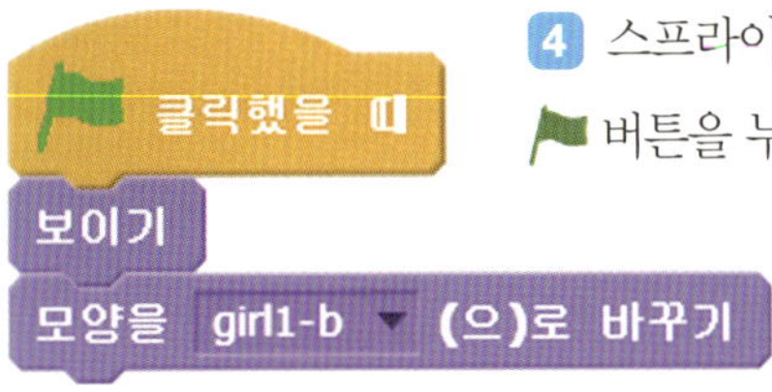

4 스프라이트 저장소의 'Girl1'을 이용해서 '사회자'라는 이름의 스프라이트를 생성한 후 버튼을 누르면 모양이 'girl1-b'로 변경되도록 합니다.

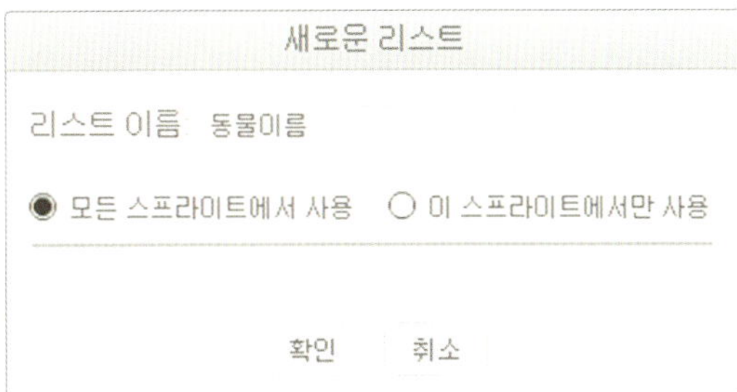

5 데이터 카테고리의 리스트 만들기 버튼을 눌러 '동물이름' 리스트를 생성하고, '동물이름' 리스트가 무대에서 사라지게 합니다.

6 '동물이름' 리스트의 모든 항목을 삭제하고, '동물' 스프라이트의 모양 이름인 'cat', 'bat', 'dog', 'elephant', 'horse', 'lion', 'monkey'를 '동물이름' 리스트에 추가합니다. 그러면 'cat'은 '동물이름' 리스트의 첫 번째 위치에, 'bat'은 두 번째 위치에, 이런 식으로 하면 'monkey'는 일곱 번째 위치에 저장됩니다.

처음 만나는 블록

데이터 / (1▾) 번째 항목을 (list▾) 에서 삭제하기

리스트에서 선택한 위치의 항목을 삭제합니다.

데이터 / (thing) 항목을 (list▾) 에 추가하기

리스트에 항목을 추가합니다.

데이터 / (list▾) 리스트의 항목 수

리스트에 저장된 항목의 개수를 의미합니다.

7 '맞은문항수' 변수를 만들어 0을 저장하고, 몇 문제 풀어보겠는지 질문합니다. (동물이름▾ 리스트의 항목 수)는 '동물이름' 리스트에 저장된 항목의 수이므로 7이 됩니다.

8 '문항수' 변수를 만들어 답한 내용을 저장하고, '퀴즈시작' 메시지를 방송하고 사라지게 합니다.

9 '동물' 스프라이트로 이동해서 '퀴즈시작' 메시지를 받으면 나타나게 하고 '문항수' 만큼 반복하는 구조를 만듭니다.

10 문제가 순서대로 제시되는 것이 아니라 무작위로 선택되도록 하기 위해 우선 '위치'라는 변수를 생성하고, 1~ '동물이름' 리스트의 항목 수 까지의 난수를 저장합니다.

11 모양을 '동물이름' 리스트의 '위치'번째 항목으로 변경합니다. 만약 '위치'가 1이라면 '동물이름' 리스트에서 첫 번째 항목인 'cat' 모양으로 변경되고, 만약 '위치'가 3이라면 'dog' 모양으로 변경됩니다.

처음 만나는 블록

데이터 / 

리스트에서 선택한 위치의 항목을 의미합니다.

12 '영어 단어는?'을 묻고 기다리고, 답한 내용이 맞았으면 '맞았습니다!'를, 틀렸으면 '틀렸습니다!'를 말합니다. 

은 '동물이름' 리스트의 '위치' 번째 항목이므로 질문에 대한 정답이 됩니다.

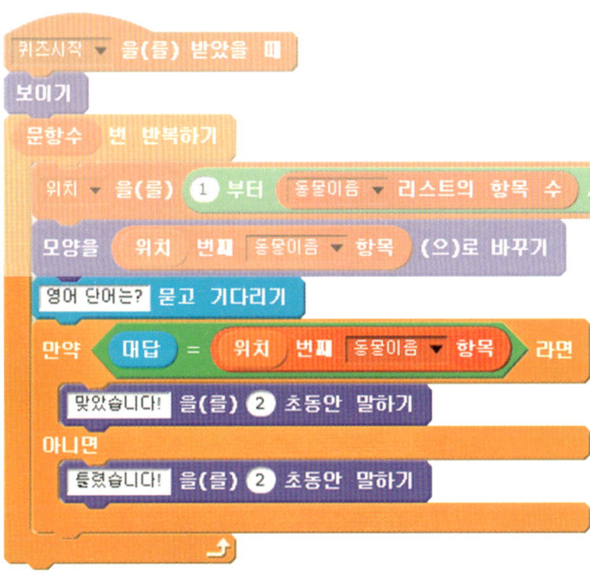

13 맞았을 경우에는 'suspense' 소리가, 틀렸을 경우에는 'string pluck' 소리가 나도록 음향 효과를 줍니다. 그리고 맞았을 경우에는 '맞은문항수'의 값을 1 증가시킵니다.

실전 8-1

14 동일한 질문이 나오지 않도록 하기 위해 방금 질문한 동물 이름을 '동물이름' 리스트에서 삭제하려고 합니다. 그렇다면 (1)에 어떤 내용이 들어가야 하는지 생각해보고 채우기 바랍니다.

15 '문항수' 만큼 반복한 후 반복 구조를 빠져나오면 '퀴즈종료' 메시지를 보내고 사라지게 합니다.

16 '사회자' 스프라이트로 이동해서 '퀴즈종료' 메시지를 받으면 나타나게 하고, 모양을 'girl1–c'로 변경하고 맞은 수를 말하도록 합니다. (맞은 수 : 맞은문항수 결합하기) 말하기 는 '맞은 수 : '와 맞은문항수 변수에 저장된 값을 결합하는 것이므로, 만약 맞은문항수 에 5가 저장되어 있으면 '맞은 수 : 5'가 됩니다.

처음 만나는 블록

연산 / hello world 결합하기

두 개의 문자열을 결합합니다.

17 무대 배경을 'room2'로 설정하면 프로젝트가 완성됩니다.

실전 8-2

도전해보기

저장소의 'duck', 'crab-a', 'mouse2'를 이용해서 'duck', 'crab', 'mouse'를 추가하고, 퀴즈가 종료되었을 때 맞은 문항 수만이 아니라 점수를 말하는 기능을 추가해봅시다. 점수는 맞은 문항 수를 전체 문항 수로 나눈 값에 100을 곱한 후 반올림하면 구해집니다.

요점정리

- 리스트는 여러 개의 데이터를 동시에 저장할 수 있는 공간입니다.
- 리스트에 모양 이름을 저장해놓고 모양에 대한 이름 맞추기 퀴즈를 만들 수 있습니다.

연습문제

1 1부터 45까지의 수가 적혀 있는 45개의 공 중 6개를 임의로 선택하는 로또 프로젝트를 만들어 봅시다.

2 1부터 100까지의 수 중 원하는 개수만큼의 수를 임의로 선택하는 프로젝트를 만들어 봅시다.

실전 문제 풀이

CHAPTER 01 스크래치 시작하기

실전 1-1

뒤로 20만큼 움직이려면 10 만큼 움직이기 블록의 설정 값을 음수인 −20으로 설정하면 됩니다. 그러므로 정답은 −20입니다.

CHAPTER 02 기초 계산

실전 2-1

〉

실전 2-2

a - b

실전 2-3

3: a 나누기 2 의 나머지 / 4: 0

실전 2-4

5: 나누기 2 의 나머지 / 6: 0

실전 2-5

a ▾ 을(를) 1 만큼 바꾸기

실전 2-6

〉

실전 2-7

https://scratch.mit.edu/projects/18494072/ '계승 구하기'에서 확인할 수 있습니다.

실전 2-8

실전 2-9

https://scratch.mit.edu/projects/26793706/ 사이트에서 확인할 수 있습니다.

CHAPTER 03 움직이는 강아지와 앵무새

실전 3-1

계속해서 반복하도록 하려면 

블록을 이용해야 합니다. 그러므로 정답은 아래와 같습니다.

실전 3-2

계속해서 반복적으로 날갯짓을 하도록 하려면 

블록을 이용해야 합니다.

실전 3-3

완성된 프로젝트는 https://scratch.mit.edu/projects/11762905/ '움직이는 강아지와 앵무새'에서 확인 가능하지만 직접 만들어 보기 바랍니다.

CHAPTER 04 덧셈 뺄셈 공부방

실전 4-1

완성된 프로젝트는 https://scratch.mit.edu/projects/11718003/ '덧셈 뺄셈 공부방'에서 확인할 수 있습니다.

실전 4-2

두 자릿수는 10부터 99이므로 (1)은 10이고 (2)는 99입니다.

실전 4-3

'b' 값과 'a' 값을 교환하는 스크립트는 오른쪽과 같습니다.

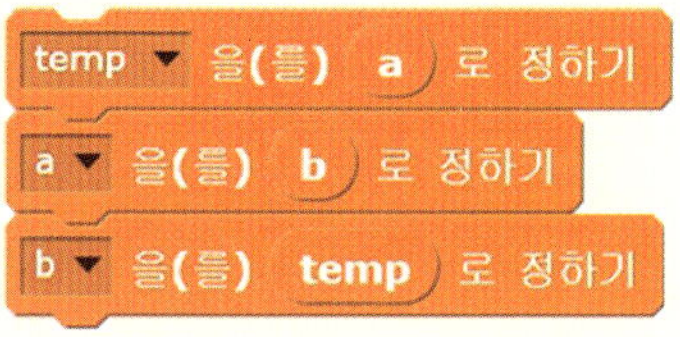

실전 4-4

맞은 문항 수를 저장하는 변수를 만들고 시작할 때 0을 저장하고, 문제를 맞출 때마다 1씩 증가시키면 됩니다. 완성된 프로젝트는 https://scratch.mit.edu/projects/11718003/ '덧셈 뺄셈 공부방'에서 확인할 수 있습니다.

CHAPTER 05 합 구하기 퀴즈

실전 5-1

합은 34입니다. 합을 구하는 절차를 단계별로 적용해서 답을 구해보기 바랍니다.

실전 5-2

'a' 값이 'n' 보다 커지면 반복을 종료하면 되므로 정답은 〉입니다.

실전 5-3

실전 5-4

완성된 프로젝트는 https://scratch.mit.edu/projects/13000108/ '합 구하기 퀴즈'에서 확인할 수 있습니다.

CHAPTER 06 상어 피하는 물고기

실전 6-1

조건이 참인 경우에만 실행될 내용이 있는 경우에는  을 사용하고 조건이 참인 경우에 실행될 내용과 거짓인 경우에 실행될 내용이 다를 경우에는  을 사용하는 것이 일반적입니다.

이 문제에서는 물고기가 상어에 닿은 경우에만 처리할 내용이 있으므로  을 사용하는 것이 일반적입니다.

실전 6-2

180도 회전하면 반대 방향으로 전환하게 됩니다. 그러므로 정답은 180입니다.

실전 6-3

물고기 스프라이트의 상어에 닿았을 때 종료하는 스크립트에서  를 삭제하고 오른쪽과 같이 보이기 블록을 넣으면 됩니다. 완성된 프로젝트는 https://scratch.mit.edu/projects/11850217/ '상어 피하는 물고기'에서 확인할 수 있습니다.

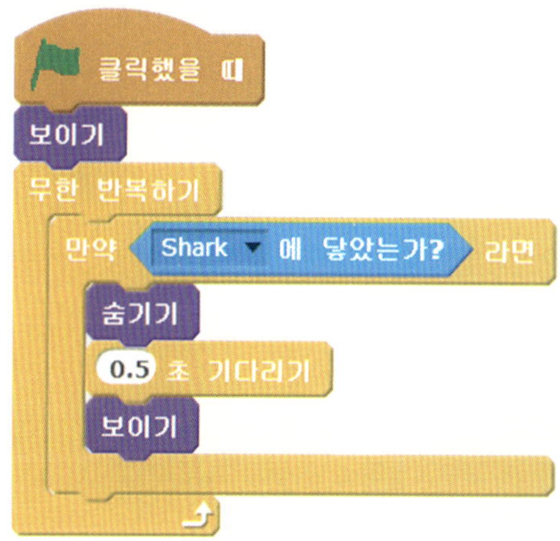

CHAPTER 07 하늘에서 떨어지는 물고기 잡기

실전 7-1

'점수'에 80을 저장한 상태에서 10만큼 바꾸면 90이 됩니다. 이 상태에서 −20만큼 바꾸면 70이 됩니다. 그러므로 정답은 70입니다.

실전 7-2

완성된 프로젝트는 https://scratch.mit.edu/projects/11911507/ '하늘에서 떨어지는 물고기 잡기'에서 확인할 수 있습니다.

실전 7-3

게와 벽에 동시에 닿을 때까지가 아니라 게 또는 벽 둘 중 하나에 닿을 때까지 반복하는 것이므로 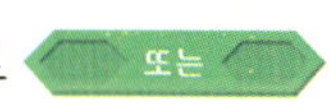 블록을 사용해야 합니다. 그러므로 정답은 '또는' 입니다.

실전 7-4

'생명'이 0이 되면 조건이 참이 되야 하므로 1입니다. 만약 0으로 하게 되면 '생명'이 0이 되어도 조건이 거짓이 되므로 종료되지 않게 됩니다. 그러므로 정답은 1입니다.

실전 7-5

완성된 프로젝트는 https://scratch.mit.edu/projects/11911507/ '하늘에서 떨어지는 물고기 잡기'에서 확인할 수 있습니다.

CHAPTER 08 동물 영어 이름 맞추기 퀴즈

실전 8-1

'동물이름' 리스트에서 '위치'번째 항목이 방금 질문한 동물 이름이므로 '동물이름' 리스트에서 '위치'번째 항목을 삭제하면 됩니다. 그러므로 정답은 (위치) 입니다.

실전 8-2

점수는 맞은 문항 수를 전체 문항 수로 나눈 값에 100을 곱한 후 반올림을 하면 구할 수 있는데 이를 스크립트로 나타내면 아래와 같습니다.

((맞은문항수) / (문항수)) * (100) 반올림

완성된 프로젝트는 https://scratch.mit.edu/projects/12781552/ '동물 영어 이름 맞추기 퀴즈'에서 확인할 수 있습니다.